核心素养视域下的
历史学科判断力培养

看得见的思维

上海市普教系统
名校长名师培养工程

李 峻　张曦琛

等著

上海教育出版社
SHANGHAI EDUCATIONAL
PUBLISHING HOUSE

目/录

一、历史学科特性与判断力的培养

多年来，复旦大学附属中学的李峻老师一直耕耘在历史教学第一线，不仅在教学上声誉迭起，而且也善于深思，针对教学中发现的问题展开探讨与研究，相继出版了《思维·情感·方法——高中历史教学三论》《中学历史阅读与写作概论》《高中历史教学哲思录》等系列著作。这些研究成果是对教学实践的总结与提炼，并进而反馈到了教学实践，促进了教学不断深化前行。正是伴随其不断的实践与思考，最近她和她的团队同仁们又完成了一部新著：《看得见的思维——核心素养视域下的历史学科判断力培养》。初读之后，甚为欣喜，因为这是国内历史教育还未予以关注的问题，这一研究自然弥补了这方面的不足。

目前，国内教育界力推批判性思维这一教育理念，要培养学生的创造性思维能力。值得注意的是，有些学界人士已经指出，在批判性思维能力中，判断力是其重要的内容。例如：判断证据的准确性和可靠性；判断推理的质量和逻辑的一致性；觉察出那些已说明或未加说明的偏见、立场、意图、假设以及观点；评定事物的价值和意义。从这四项内容中可以看出，前面两项明确归类为判断，后面两项即使没有明示，实际上也可以算作为判断力的内容。因此，判断力应该属于批判性思维能力的基本内容。如果说教育的主旨是要培养学生批判性思维能力的话，那么判断力就是其中关键之所在。正是在这层意义上，李峻老师主持的这项研究抓住了历史教学的核心问题，力图通过对历史学科判断力的研究，来思考判断力与思维能力，特别是与批判性思维能力之间的关系，建立起两者之间的关联，从而找到提升学生批判性思维能力的有效路径。

早在 18 世纪末，德意志著名哲学家康德就写过诸如《判断力批判》这样一些哲学著作，提出了"先天综合判断"这样一些基本概念，但这过于抽象。如果从批判性思维能力所涉及的判断力内容来看，可以将其划分为这样三种类型：知识性判断、分析性判断与价值性判断。当然如果细分的话，还可以列出概念性判断，即基于概念内涵而展开的判断；经验性判断，即基于每个个体在社会生活中习得的经验而具有的判断力；如果从认识的主体来说，也可以有主体性判断这一概括，因为任何判断都是由判断者这一主体作出的一种判定。在这本书中，作者将判断力划分为事实判断和价值判断两种，在我看来，这的确是抓住了判断力的核心内容。

在日常经验性世界中，当我们看到一种事实性表述时，就会立刻作出判断来判定是否准确，是否符合事实；同样，当一种论证展开时，我们也会判断出其内在的逻辑推理是否自洽，或者哪里出了问题，应该如何展开其逻辑演绎；当我们面对一种价值定论时，我们也会判定这一价值性表述是否合理，是否符合基本的社会价值观与伦理规范。因此，我们可以根据这些内容将判断分为知识性判断、分析性判断和价值性判断。看起来判断是一种感觉，但实质上，这一感觉是以理性思辨为依托和支撑的，一般而言，判断力程度越高，其批判性思维能力也就越强。也就是说，这些判断都是需要培养的，从而形成一种判断力与批判性思维能力。

2006 年，我在接受《中国教育报》的一次采访中，针对当时泛泛地提倡培养学生能力表达过这样一种观点：现在有一种现象，本来是考历史学，很多考生答题却没有历史感，特别是上海卷有历史小论文，考生做出来后很抒情。怎样培养学生历史学科的能力，我们学历史不是学中文，也不是学政治。历史学有自身的学科特点，应该根据学科特点来培养学生的能力。应当借助于学科的基本特性和学科路径来体现能力的培养，因此，我们必须知道历史学的学科规范性、基本要素或基本素养要求，通过历史学的载体、历史学的特性来培养学生的能力，而不能像从前那样对能力一概而论。实际上，我们要通过历史学科这一特有的学科特性来培养与提升学生的能力，而非泛泛而论。多年后，重读当时的采访，我觉得这个问题依然没有过时，并且还需要深化。具体到历史学科而言，问题的焦点在于，我们如何在历史教学实践中，在培养与提升一般规范性的判断力当中，让学生形成独特的历史性判断力。换句话说，我们需要通过历史学科独有的那些特性与要素，来培养学生的判断力。

在中学教学中，各门学科都承担着培养学生判断力的基本任务。但就历史学科而言，我们如何通过历史学科的丰富资源与独特特性来培养学生的判断力，从而有别于其他学科，但与其他学科在能力培养上又是贯通一致的。这样就体现了我们是通过自己的学科特性来培养学生的判断力，而非流于空洞，或者混淆于诸如语文、政治等其他学科。特别感到高兴的是，作者能够清晰地看到这一问题，并划定了学科边界，沿着历史学科的路径来展开论述。作者将判断力主要分为事实性和价值性两种，就历史学科而言，这一分类比较准确恰当，因为没有历史的基本事实，以及对事实的解析重构，如何能展开对历史的理解，而这一理解和重构又与每个主体的价值观密切相关。因此，作者对这一判断力的划分，实际上也涵盖和总括了历史学科核心素养的方方面面。

在 2017 年教育部的新课程标准中，明确提出了要培养学生的唯物史观、史料实证、时空观念、历史解释、家国情怀等历史学科素养与能力。如果从判断力这一维度上来看，作者所提炼概括的事实性和价值性判断力自然可以涵盖与包容这些学科能力。如果转换到另外一种思路来理解的话，我们要通过这样一种学科素养的规范性来培养学生的这两种判断力，从而提升学生的综合素养，完成习得历史学科这些要素性素养这一目标，并最终实现包括判断力在内的批判性思维能力的提升。因此，如何在这些素养中培养判断力，既是一个理论问题，也是一种实践问题。难能可贵的是，在教学实践中，作者不仅在进行一种理论性的思考探寻，而且也围绕历史学科的特性找寻到了自身独特的实践方式。对此，只要读者阅读这本具有开拓性的新著，即可领略到那些富有启迪性的论述。

这里，我想沿着作者的思路，也根据自己阅读时的体会来谈点个人的想法，目的是深化对"如何在历史学科特性中培养与提升判断力"这一问题的理解。

二、"史料"的历史语境

在历史教学中，教师要基于对直接史料的阅读和分析从而培养与提升学生的判断力，这是由历史学科的内在特性决定的，也是历史学科区别于其他学科的基本标志。因此，如何阅读史料，并尽可能地广泛阅读史料就成为教学的重要环节。值得注意的是，在史料阅读中，特别是在面对一个相对较为完整的文本时，我们不能够掐头去尾，这样就很容易造成文本的残缺，在残缺的文本之上也就极易导致误读，这是其一。其二，在阅读中，我们还需要把握材料的完整性、连贯性，即内在的逻辑性和一致性，这样的训练越多，我们的判断力就会越高，一旦发现材料的"残缺"和论证环节的漏洞，我们就立即可以作出判断，并找出问题所在。这里，我要特别转引作者在此书中所引用的这则材料。作者在书中写道，老师们很喜欢在教学或试卷中引用《史记·平准书》中的一段："汉兴七十余年之间，国家无事，非遇水旱之灾，民则人给家足，都鄙廪庾皆满，而府库馀货财。京师之钱累巨万，贯朽而不可校。太仓之粟陈陈相因，充溢露积於外，至腐败不可食。众庶街巷有马，阡陌之间成群，而乘字牝者傧而不得聚会。守闾阎者食粱肉，为吏者长子孙，居官者以为姓号。故人人自爱而重犯法，先行义而后绌耻辱焉。"这段话讲述了汉武帝初年国家钱粮充足，人民遵纪守法的局面，可以用来论证文景之治的功绩，也可以说明汉武帝初期社会的繁荣，学生很容易得出汉武帝时期是盛世的结论。但这段话删去了下面一句："当此之时，网疏而民富，役财骄溢，或至兼并豪党之徒，以武断於乡曲。"看完这一句，学生就知道了汉武盛世的另一面：豪族及公卿兼并土地、横行不法。如果将这两方面结合起来，才是对所谓的"汉武盛世"比较完整的描述。因此，只有把《史记·平准书》这篇文章完整地通读，才能知道司马迁讲的汉武帝时期的财政政策与经济制度。如果能够在平时教学中进行长文本阅读的实践，学生就能够看到并学习作者论证的全过程，能够体悟并学习史料实证的方法，更能真正地提升学生的判断力，培养学生的历史核心素养。

上述的这一例证说明，作者找寻到了通过史料实证来培养学生能力的一种教学实践路径，如果扩展开去，我们还可以有很多不同的路径。对材料展开不同视角的阅读和分析也有助于我们培养学生的判断力。因此，我们在教学中还需要给出更多可以从不同维度展开分析的材料。同时，还要将这些材料放在历史语境中来进行考察分析。关于这一点，作者在书中给予了特别阐释，我也完全同意沿着这一思路展开教学。其实这一路径也符合目前国际学术界研究的前沿，其核心要点在于，将史料视作为一种文本，并将其置放在历史语境中来考察。

在历史教学中，我们需要史料，并将其视为历史的证据，从而编织起某一主题的历史。如果转换视角，把史料也看作"文本"，思考文本的产生，以及对此作出深入的阐释将更有意义。也就是说，史料不应被动地成为历史主题的资料与证据，更需要用文本阐释的方式来解读这些材料，从中解析出作者与这一史料之间的关系，定位其意义与价值，进而作出富有创新性的阐释。例如对以下这一材料的解读：

"在工作顺利进行时，童工可不可以顺便洗手洗脸？不行，不许他们那样做；他们甚至不能交谈。这么说来，必须完全肃静了？是的。在工作顺利进行时，准不准女童工缝补些东西？不准，发现了要罚款。在工作顺利进行时，男童工可以看书吗？不行，不准这样做。任何织工在上班时间一经发现离开工作岗位，罚款六便士。

在另外一个'工厂管理条例'中规定，每天早晨机器开动十分钟后，工厂大门即行关闭。任何在厂里的工人一经发现和别人谈话、吹口哨或唱歌者，罚款六便士……假如下班前被发现在梳头或洗手脸，或在做别的小事儿，如下班前擦鞋子，或打扮得使自己晚上回家时像点样子，都要罚款。"

根据以前我们对中学教学实践的调查，学生一看到这样的材料，马上就会作出判断，认定这是资本家在剥削工人，然后再根据材料展开自己的解释。因此，在这里，判断力和思维力紧密相连，合为一体。而学生的这一判断和思考问题的方式又是平常教师在教学中赋予其的，因此史料实证对学生判断力和思维能力培养所具有的价值和作用自当引发我们的关注。

那么，我们究竟应该如何展开对这则材料的分析呢？也许回到历史语境是一种比较好的路径。从历史语境中，我们可以看到，在英国工业革命中，与技术革命并称的重要内容则为近代工厂制度的建立，没有它，工业革命则黯然失色，在某种意义上可以说，英国工业革命能够产生改变人类历史进程的重要力量则是它创造了一种不同于以往的生产方式，一种新型的工业生产方式。以此为基础，不仅直接带来生产的迅速提高，而且重新组织了社会关系和社会结构，在更深的层面上改变了社会面貌。从此，我们也将这样的社会称之为工业社会。

应当看到，当我们在讨论英国的工厂制度时，首先要了解近代工厂的基本特性，在此基础上，着重理解它所包括的这样两个层面的含义：一是指工人与企业家这两个群体与工厂之间的关系；二是在工厂中，这两个群体如何形成了有着自身特性的两个阶级。因此，可以说，理解英国的工厂制度不能只看到机器、工具和生产量等，还包括诸如"关系"这样一些更为复杂的内容。我们将在这样的视野下来审视英国的工厂制度。

历史学家保尔·芒图曾经说过，把近代生产的全部设备包含在围墙之内并把近代生产原则本身表现为显著形式的特有建筑物，就是工厂。英国社会学家安东尼·吉登斯也说：工厂是"与家庭相分离的、职业组织化劳动的场所"。因此，我们必须看到，工厂不是一种机器设备等物的集合，而是生产关系的集合；是一个资本与机器、资本与劳动的集合。它不仅是生产性场所，也是创造价值与利润的地方。所以，工厂是一个"工人—资本—商品"的集合体。由此，才可以理解工厂的特性，和它为什么成为资本主义社会的基本单元。这里，我们从工人与工厂的关系出发，将从两个方面来展开：一是工人与工厂的关系，他们在新的工厂制度下如何受到纪律的规训，形成与这种新的工厂制度相匹配的工作行为，也就是说，成为"职业化"的新型工人；二是在这样的过程中，工人是如何成为一个阶级的。

面对新的工厂制度，工人们不能适应，固定的空间改变了过去对空间的理解和行为，现在不能像过去那样高兴怎样就怎样，进出很随意，而是有了一个统一固定的空间在规范着他们。从对身体的规训来说，工人们的动作和习惯也没有形成与机器生产相一致，面对机器，他们感到无所适从，浑身不自在，"像一只在犁过的地里放了一只鹿"。从时间上来说，他们也要进行从农业的时间到工厂的时间的转变，因为工厂有着自己统一和固定的工作时间。当时曾有这样的记载，随着钟声的鸣响，厂房的喧闹声震动了整个河谷。这就是说，工厂都在自己的时间规范中进行工作。对此，英国历史学家汤普逊有非常详细的描写：工厂里都有着"钟"这样的计时工具。

如何克服他们散漫的工作习惯，培养起与现代工厂制度相适应的对应关系和认同？如何规训他们成为符合现代工厂制度的新型工人？就新工业关系而言，其基本内容就是制度化的工作规章，而且是非人格化的。因此，要用符合新工业关系、新工厂制度要求的纪律来规训这些还不属于现代工人的群体。

当然，对这一材料的解析还可以有另外的视角，如童工的使用、工人的生活与工作方式、收入水平、捣毁机器、工作环境（模范工厂和血汗工厂）、工人阶级是如何形成等维度来展开。总之，对这一材料的阅读可以从不同的视角来展开，但是这些视角与结论都是在历史语境中来展开的，没有脱离历史语境的解释，也就是说，必须将材料放在时间与空间以及当时历史环境中来考察。因而对历史材料的解读，无关乎对与错，也就没有什么标准答案，而在于维度和论证过程，因为文本本身具有开放性。在此，并非说工人受到资本家的压迫与剥削这一判断与理解有什么错，而是单一的思维模式和标准化的解读方式会影响学生的思维能力，特别是判断力与想象力的成长。

三、如何理解历史的"时间"

历史是在时间和空间中展开和界定的，在教育部新课程标准中也特意标明了"时空观念"这一素养目标。不过在我看来，对时间的观念还是需要格外重视，并加以深入研究。目前国际学术界对时间和空间都给予了很多关注，并形成了研究热点。引进和吸收他们的研究成果将会扩展我们的历史教育视野，更好地培养历史性判断力。

在各个民族的历史发展中毫无例外地都会形成对时间的理解，例如思想家孔子曾这样感叹："逝者如斯夫！不舍昼夜。"这里孔子感慨世事变化之快，也表达了时间的流淌与人生的流逝。如果仔细分析，孔子在这里表达的是自然的时间，还是历史的时间，对此我们不得而知。不过，无论是自然的时间还是历史的时间，时间流逝的一维性当是理解这一问题的中心。可是一旦我们在自然的时间和历史的时间之间作出区分，就会发现问题并非如此简单，就会引发出很多新的问题。例如历史分期即是其中之一。就自然时间而言，它具有流逝的一维性，以及具有指明人类活动的定位性，也就是说，人类的一切实践性活动都是在特定的时间（包括空间）里展开的，不然我们就无从把握自身的行动，犹如我们是在自己所创造的语言符号系统的世界里展开活动、理解这个世界一样。因此，历史只是特定时间里所发生的活动。但是，当我们讨论时间和历史的关系时，就不能局限于此，反而更应该关注自然的时间如何成为了历史的时间，实质上就是要思考自然时间如何被赋予其意义，并与人类的活动紧密相连，从而形成历史的时间。所谓历史时间即是指历史发展本身有着不同的时间节奏。犹如布罗代尔所说，人类社会的历史发展存在着不同的结构运动，每一种结构运动都有着它自己独特的时间节奏。因此，历史首先具有一种时间性的特征。但历史的时间和自然的时间又有差异，体现出建构性的特质。这即是自然的时间只有一个，但历史的时间却有很多。由此，我们才能理解法国历史学家费弗尔所说的农业的时间、教会的时间、商业的时间，以及马克思所建立起的从原始社会到共产主义社会这一五种社会形态的历史分期的意义。

从时间维度来给人类活动进行分期古已有之，中国历史学所创立的纪年或者王朝断代即是显证。在"社会"的意义上进行历史分期，或在现代意义上的历史分期是在16世纪的欧洲，特别是18世纪的欧洲启蒙运动在对社会及人类社会未来发展的思考中，在进步主义思想的指引下作出了"历史分期"。可以设想，如果没有历史分期，我们只能生活在自然的时间中而无法对自身的历史形成记载与记忆，致使我们自身也无法存在，迷失在流逝的自然时间中；一旦引入历史时间，以及将自然时间转换成为历史时间，那么就等于认可了历史学家（或者史官）所建构起来的历史时间，并成为我们理解历史的基础和起点，依靠它，我们构建起了自己的历史叙述、历史记忆，进行历史实践，以及创造出未来。在全球化飞速发展的今天，我们能否共享历史的时间，认同早已划定的历史分期，从上述给出的几种历史分期来看，正是秉持着不同理念的历史学家为历史作出了不同的划定,形成了不同的历史分期。正是在这一意义上,人们在创造自己历史的同时,也在不断地创造出自己的历史时间。如何和怎样接受这一历史分期和历史时间,不仅仅取决于历史分期的划定者,还是一场巨大博弈后的胜利者或者说是权力的一种安排的产物。因此,在思考这一历史分期和历史时间的同时,探讨其背后的权力体系以及运转的过程和逻辑显得尤为迫切。

正是从社会出发,不同的思想家对社会发展的阶段作出了不同的划定,如果要详细进行分类的话,还可以有其他诸种。例如在以欧洲为中心的帝国维度下,将欧洲视为文明,非欧洲地区视为野蛮,由此就为殖民主义的占领与侵略活动获得了一种合法性。再如1789年法国革命中,革命者将自己要推翻的体制称之为"旧制度",从而凸显革命者所要建立的体制为"新制度",从此,在世界历史上出现了这样一个通例,后来的"革命者"在推翻了前面的体制或者政权之后,都会将自己标识为"新",前面的则为"旧",由此,形成"新"与"旧"的两分和对立。同样,这一两分对立的历史分期还体现在传统与现代、保守与激进、殖民与反殖民等等。从这些历史分期的表达中,仍然可以窥见与体会到隐含在这一历史两分法背后的进步主义世界观。可以说,时至今日,我们仍然还没有跳出进步主义的思维及其价值观,还是坚信,人类社会必然从一个阶段走向另外一个阶段,其内在的动力和指向都是因为一种规律而存在于人类的实践活动之中,并体现和表征为过去、现在和未来这一三分法的时间观和历史观。

应该看到,社会分期的划定只是社会形态的时间化,或时间的社会形态化,但这一时间观未能充分考虑到在自然时间转化为历史时间过程中,时间的一维性并非仅仅一定就是向前运动式的流逝,也可能历经曲折与倒退。同样,对历史的分期则促使人们去思考时间的流逝问题,是巨变还是缓慢的变化,而这始终与人们对时间的态度和认知密切关联。革命与保守、新与旧、古与今、激进与保守等两分法,究其本质无非意味着是将时间理解为加速,还是将其理解为缓慢,甚至是静止。我们在历史进程中常常看到,在某个特定的历史时刻,是会导致对时间的突然加速化,或者时间的断裂性转化。由此,看似社会的转型,实则意味着时间的断裂。最为典型的莫过于在法国大革命中,革命者响亮地喊出"我们是一代新人",他们把将要推翻的体制称之为"旧制度"。针对这群"新人",托克维尔说道:"1789 年,法国人以任何人民所从未尝试的最大努力,将自己的命运断为两截,把过去与将来用一道鸿沟隔开。为此,他们百般警惕,唯恐把过去的东西带进他们的新天地:他们为自己制定了种种限制,要把自己塑造得与父辈迥异;他们不遗余力地要使自己面目一新。"[1] 与此相似的还有在现代化理论中,传统与现代这一两分法也在指示着这一断裂,从原先的连续性转向为激烈的断裂。正如福柯在思考启蒙运动与现代性关系时所说:"现代性经常被刻画为一种时间的不连续的意识,一种与传统的断裂,一种全新的感觉,一种面对正在飞逝的时刻眩晕的感觉。当波德莱尔把现代性定义为'短暂的,飞逝的和偶然的'时,他就是如此。"[2] 这样,速度成为历史时间研究中绕不过去的一个变量性要素,速度还是加速度,是停滞还是减速,这些都是研究社会转型的重要要素。

从历史上看,每逢重要的历史转折时刻,对时间的理解与认知都会发生重大的变革。中国改革开放 40 年来,经历了时间和空间的巨大变化,这一变化并非作为自然的时间发生了什么变动,而是我们对时间的感受与体验发生了改变,时间的社会性或者说时间被注入了社会性意义后,导致人们对时间感受的方式和途径也都和过去大相径庭。在社会的意义上,社会需要重塑时间,也重新建构了时间体系,重新对社会以及每个个体进行时间的再刻度化。无论是作为全球标准的"格林威治"时间刻度的形成,还是工业革命时期的"工业时间"概莫如此。与其相连的则是时间成为权力争夺的资源。例如在工业革命中,资本家和工人对"钟表"的争夺不仅体现为权力与权利的对立,更体现了权力对人们的规训,因此,时间也就成为统治者和管理者用于规训的重要资源,无论在政治性意义上,还是在社会性意义上都是如此。

由此引发出一个不容忽视的问题是,在对时间的理解中,还需注意到时间的多样性和多速性,或叠加的时间。例如在目前全球化的过程中,从全球不同

---

[1] 托克维尔.旧制度与大革命[M].冯棠,译.北京:商务印书馆,1992:29.
[2] 汪晖,陈燕谷.文化与公共性[M].北京:北京三联书店,1998:430.

的空间中，可以看到分布着不同的社会组织结构，不同的社会形态，或者说有着不同的发展阶段，其在本质上就是存在着不同的历史时间和对时间的理解，尽管我们可以共享相同的自然时间。同样，就同一个空间而言，也存在着如此相似的景象，如在中国，东西部之间有着截然不同的时间刻度和对时间的认知，即使在一个城市的同一个空间，不同阶层的时间也会截然不同。科幻小说《北京折叠》则鲜明地体现了这一点。对此，时间的政治化和社会化成为鲜明的特征，社会成员的差异与冲突不仅反映在词语表达上的冲突，也体现为对时间刻度上的差异，以及时间认知上的巨大反差。例如英国工业革命时期被认为这是最好的时代，也是最坏的时代，因而这一"时代性"的时间特征对不同群体而言其认知与感受则是大相径庭。由此使得我们在思考历史分期与提炼历史分期所具有的特性时，切忌追求最大公约化，进行高度抽象化与简约化的概括，而是要更为细致深入地思考，找寻其内在的差异性和多样性。犹如德国历史学家于尔根·奥斯特哈默所说，一位历史学家愈不相信每个历史阶段都具有可以识别的"客观"特征或特性，或者说，如果他更多是把时代划分看作为排列时间顺序而达成的人为约定，他便愈有可能对以百年作为时间分期这样一种简单而程式化的做法提出异议。① 也就是说，如果我们越发重视这种差异性和多样性，那我们对历史的认识也就越发深刻。

自 18 世纪开始，时间不是独自演进，而是和空间紧密相连。如在启蒙思想家那里，伴随着进步主义兴起，体现为历史分期的社会时间观上，则是人为地将各个民族各个空间不同差异的历史进程编进了编写者的历史时间之中。这便意味着历史分期只是近代编写者特定时间观的体现与表达。当西方的历史时间顺序俨然变成和自然时间一样的"普世知识"和计量标准的时候，非欧洲地区的民族和国家则统一被纳入了这一历史时间为支持的历史分期的谱系之中，并按照这一线性的时间来编排自身的历史内容。同样，我们也会看到另外一种情景，各个民族和国家则又从自身独特的历史时间出发，来安排自己的历史分期，

---

① 于尔根·奥斯特哈默.世界的演变：19 世纪史［M］.强朝晖，等译.北京：社会科学文献出版社，2016：97.

形成自身独特的历史分期。因此，普遍性和特殊性两相冲突，这也是长久以来困扰人们的问题，我们是否可以共享一种历史时间，以及一种历史分期？我们又如何处理这一历史时间以及长久以来被谱系化的历史分期。对此，德国历史学家于尔根·奥斯特哈默说，假如一个人不认同每一个历史时期的所有"生命表述"都具有某种统一的"时代精神"这一带有神秘色彩的判断，那么在历史分期问题上，他必然会遭遇"文化地域的分期差异性"的困扰。作为首创长时段理论的"年鉴学派"大师布罗代尔则提出了"世界时间"的概念，其含义为，为了简化世界史，并使之条理化，总的说来，我们拥有的手段不容低估，我们能推导出一种世界规模的经验时间：世界的时间，但它既不是，而且也不应该是人类历史的总和。[①] 今天，如何处理这一内在的张力则是全球化时代一项异常紧迫的事宜。

按照一些历史学家的观点，历史仅仅是一种书写，其实不仅如此，历史还体现在书写者对待过去的认知，他是秉持着一种什么样的观念来处理与建构过去，将无意义的自然时间处理成带有特定含义的历史时间。在这一意义上，历史就是如何看待过去，如何组合过去、现在和未来的一种方式。并且要去回答考斯莱克所说"在每个当下时刻，过去和未来的时间维度是如何建立起联系的"。[②] 这一回答则犹如英国学者所说："1800 年前后，革命、进步、发展、危机、时代精神、时代和历史本身都获得了前所未有的时间界定：时间不再是全部历史的发生所凭靠的媒介；它获得了一种历史的质……历史不再发生在时间中，而是因为时间而发生。时间凭借自身的条件而变成了一种动态过程的和历史的力量。"[③]

具体而言，历史时间问题的核心不再是讨论历史如何在时间中展开，而是我们对待时间的观念，对待凝聚在时间点、时间段和时间之维上的历史的理解。

① 于尔根·奥斯特哈默.世界的演变：19 世纪史［M］.强朝晖，等译.北京：社会科学文献出版社，2016：2.

② 弗朗索瓦·阿赫托戈.历史性的体制：当下主义与时间经验［M］.黄艳红，译.北京：中信出版集团，2020：20.

③ 彼得·奥斯本.时间的政治：现代性与先锋［M］.王志宏，译.北京：商务印书馆2017：27.

可以说，我们生活在自然的时间中，但只有通过对时间的划定才能将自然的时间转化为历史的时间，正是在这一时间的刻度中，历史才被按照过去、现在和未来进行展开，成为"历史"。因此，历史不是在时间中进行，相反，人们对待时间的观念和对时间的分割与确立形成了历史。或者说，时间通过被编排而形成为秩序，其含义是前后次序和控制，①成了历史的表现或表征，成为我们的一种建构，并被赋予其意义。当我们说历史时间时，并不完全是指历史学家对过去、现在与未来之间关系的理解与认识，而是历史学家在对这些关系的认识中，他们被如何赋予了特权，并利用历史学特有的专业技术如材料、文字等建构起不同的时间特性，历史就是因为有了这些时间刻度才成为历史，否则只是一维的自然时间。这样，历史时间问题的核心即为历史学家在每个当下的时刻，是如何组织起历史叙述与历史叙事的。"各种事件不仅仅是在时间'之中'发生的，还是'通过'时间发生的：时间成为参与者，如果不是行动者的话。"②也就是说，体现过去、现在与未来的时间成为一种资源，被当下的人们所使用与组合，形成历史时间，以及在人们展开实践的过程中又再次创造为"历史"。

四、历史教学中的"共同价值"

犹如作者在书中所归纳的那样，价值判断力是历史教学中重要的要素，对此我深表赞同。的确，可以毫不夸张地说，历史学科是培养人的价值观最好的学科，当然也是颇具挑战的学科。在这一问题上，作为面向未来全球化，或"人类命运共同体"建设的历史教学，还是要更多关注人类的"共同价值"。正如习近平总书记所说，和平、民主、自由与人权都是人类的共同价值。这里试以作为"现代性"基本内容的"人权"这一概念来加以说明。

如何理解"现代性"中"人权"问题，学术界已有很多研究，在我看来，最

① 弗朗索瓦·阿赫托戈.历史性的体制：当下主义与时间经验［M］.黄艳红，译.北京：中信出版集团，2020：9.
② 弗朗索瓦·阿赫托戈.历史性的体制：当下主义与时间经验［M］.黄艳红，译.北京：中信出版集团，2020：99.

为核心的要素则是将原先以等级特权为中心的社会结构转化为以人的权利为中心,实现了权利的平等享有。而能体现这一社会转型的当属 1789 年爆发的法国大革命及其通过的《人权宣言》。

对此,生活在革命时期的拿破仑的评述无疑最为中肯。1818 年 10 月,囚禁中的拿破仑对法国革命作出了这样的评价:1789 年革命是全国群众向特权阶级的总攻击。贵族们直接或间接地占据了所有的司法职位,并享有各种封建权利。他们被准许免向国家纳税,但占据了全部赚钱和体面的职业。革命的主要目的是废除这些特权,肃清这些流弊,破坏古老封建制度残存的东西,砸碎束缚人民的最后锁链,使每个公民平等负担国家的费用和赋税。革命建立起了权利的平等。1847 年,法国历史学家米什莱在其所写的《法国革命史》中,也将大革命解释为"法律的来临,权利的复活,正义的反抗"。说到底,"旧制度"下的特权与王权被摧毁,从此以人的权利作为社会的基础与规范性原则。

这只是一种提炼性的概括,如果还原到历史的进程中去的话,则可以丰富我们的理解。而要很好地理解这一社会转型,首先要明了法国特有的被称之为"旧制度"的这一等级特权制度。

1789 年的革命者将他们要推翻的制度称之为"旧制度"(The Ancien Regime 法文为 L'ancien Regime),这是法国革命的革命者发明的一个术语,借以表达他们要建立的是一种新制度。既然是新制度,那么要推翻的体制则应该被定名为"旧制度"。"旧制度"所包括的内容有很多,其体现在社会结构上的特征为:整个社会被分为三个等级,教士和贵族分列为第一和第二等级,享有特权,其他社会阶层统称为第三等级。什么是贵族?就是有别于贫民,具有某种头衔和特权,其本质在于享有特权和世袭性,按照我们现在的说法即为身份权。这一特权体现在,享有免税的权利,可以担任政府官员、法院职位、军队军官等,可以说这些职位全部由贵族垄断;以及法律上的豁免权等。总体而言,这一社会结构的特质是等级制,而这一等级的存在与延续则是基于血缘上的世袭性和封闭性,没有社会流动,更谈不上平等。对此,启蒙思想家伏尔泰斥责道,难道农民的孩子永远是农民,而贵族的子弟永远为贵族?因此,在法国大革命之前,第三等级就发出呐喊,要求建立一个为才智之士开放前程的社会,建立起一种有社会流动机制的社会。

1789 年 7 月 14 日，带着对"旧制度"的愤恨，巴黎人民攻占下了象征"旧制度"的"巴士底狱"，宣告革命爆发，随后开启了从"旧制度"到"新社会"的转折。这一社会转型则是由两个重要节点，即两个重要的事件来完成的。第一是贵族宣布放弃自己的特权，这在历史上被称之为"1789 年 8 月 4 日之夜"。

革命爆发后，面对着汹涌澎拜的人民抗争，与对自由和平等的渴望，8 月 4 日，贵族们集结开会，讨论如何应对这一紧迫的形势。会上，大贵族诺阿（Noailles）子爵说：为使国家再生，为证明所有人都是公民，我们的意愿是，尽快确立人与人之间应该存在的权利平等，只有这样才能保障我们的自由，我丝毫不怀疑，所有封地的所有人、所有领主都远非否认这一真理，他们都已准备好为正义而牺牲自己的权益。他们已经放弃他们的特权，如金钱上的豁免权；而此刻，人们不应要求他们完全无条件地放弃他们的封建权益。

正是由于贵族们的主动放弃，作为一种制度性安排的特权在事实上并不存在了。因此，这一夜也被称为法国历史上"神奇的一夜"。法国历史学家索布尔认为，实际上，8 月 4 日作出的牺牲主要是迫于形势压力所做的让步，并非自愿地满足人民的要求。无论出于什么动机，是贵族们为公共利益原则所激发，还是害怕人民的革命将其冲垮，但其结果则是原先贵族所享有的特权从此不存在了。

在"8 月 4 日之夜"之后，还有一个具有里程碑意义的事件，这是打碎"旧制度"的第二个节点，即 1789 年 8 月 26 日通过的"人权宣言"。

《人权宣言》并不长，除前言外，仅有 17 条，但透过《人权宣言》可以看到革命前法国启蒙思想家的思想被宣言的起草者们所接受，并体现在一个制度化的文本中，同时，这样一个文本的确立实际上也标志着对未来社会的基本理解和取向。从《人权宣言》前三条的表述中即可明晓革命者的用心。

第一条

在权利方面，人们生来是而且始终是自由平等的。除了依据公共利益而出现的社会差别外，其他社会差别，一概不能成立。

第二条

任何政治结合的目的都在于保护人的自然的和不可动摇的权利。这些权利就是自由、财产、安全和反抗压迫。

第三条

整个主权的本原,主要是寄托于国民。任何团体、任何个人都不得行使主权所未明白授予的权力。

在通过《人权宣言》后,根据当时政治体制的规则,须得到国王的批准才能生效。当这份文件被送到路易十六那里时,他拒绝批准,声称"我永远不会批准剥夺我的教士和贵族的法令"。后来他迫于压力,不得不签字同意。正如国王所说,《人权宣言》规定了人的权利,也就意味着废除了贵族的特权,"旧制度"的终结。因此,历史学界将《人权宣言》评价为"旧制度的死亡证书",同样也是"新制度的出生证书"。从此,一个社会不是建立在国王的专权、贵族的特权和教会的神权基础之上,而是建立在人权基础之上。就社会转型而言,法国大革命实现了从"旧制度"到"新社会"的转变,将原先的社会基础和基本原则,以及社会运转的逻辑进行了彻底的改变。

如果我们的理解到此为止,似乎还是不够的。其实《人权宣言》还是具有诸多的内在悖论。其中之一就是女性也被排除在"公民"资格之外,从理论上来说,这明显不符合《人权宣言》所体现出的基本原则,但这也真实地反映了当时的法国社会,特别是在进行制度设计中占据主导地位的这些人们的基本观念。因此,当《人权宣言》通过之后,1790 年 7 月,被誉为"最后一位启蒙思想家"的孔多塞就发表了《论承认妇女的公民权》(On the Admission of Women to the Rights of Citizenship),认为人权的发展只遵从这样的事实,它们是情感的存在,能够获得道德信念和对这些观念的推理。既然妇女们有同样的特性,她们就必须享有同等的权利,而不能从宗教信仰、肤色和性别来讨论人的权利。女剧作家和政治活动家奥兰朴·德·古日(Olympe de Gouges)也对《人权宣言》没有列出女性的权利而感到不满,1791 年 9 月,她亲自起草完成了《妇女和女公民权利宣言》(Déclaration des droits de la femme et de la citoyenne),并呈交给制宪会议,同时也呈交给玛丽王后(Marie Antoinette)一份。在她所起草的宣言中，明显地突出了妇女的地位，女人要和男人享有一样的权利。例如，第一条：女人生来是自由的，在权利的享有方面和男人是平等的。社会地位的差异，只能根据对公益所做的贡献来评定。第二条：一切政治结合的目的，都是为了维护女人和男人的自然权利，这些权利是自由权、财产权、安全权，尤其是反抗压迫权。第三条：国家的主权的本原，实质上存在于由女人和男人联合而成的国民。任何团体和任何个人均不得行使未经国民明确授予的权力。

在关于人权的问题上，以《人权宣言》为个案，可以理解现代社会的一些基本原则，也可以将其视为现代社会的思想起源与基础。从理论上说，人权有三个密切相关的特征：第一，权利一定是与生俱来的，即天赋权利；第二，权利对每个人来说都是平等和相同的；第三，权利先于国家和社会存在，有其优先性，在确立政治权威的过程中，和此之后，个人仍然保持着属于自身的生命、自由和财产等自然权利，不会被削弱和贬损，因此，自然权利理论为人权体制提供了安全与支持的属性。具体到《人权宣言》来说，其对人权的如何实现问题上，在天赋权利和社会权利之间作出了区别，思考如何建立起保障人权的体制和机制，《人权宣言》可以被视为是第一代的人权，它以天赋人权为核心，将人从"王权"和"特权"等不平等和外在的权力下解放出来，要求避免来自国家和政府的侵害。因此，人权不仅仅是一种观念，而且是重建社会的一种安排，它重建了社会的基础，确立了以人享有普遍性权利为核心的社会运行原则。当然，就《人权宣言》条款中的内在矛盾而言，当 1948 年联合国在讨论《世界人权宣言》时，包括中国在内的起草者就明确表示："我们必须仍继续改进 18 世纪的人权表达，确保'人'（human）在《世界人权宣言》中不留下任何在'人权'的范畴内'人'（man）的歧义。"[1] "在这个意义上，人权的真理可能是自相矛盾的，但是它们依然是不言而喻的。"[2]

之所以引用这一个案来加以分析，是要表明，在这样一个全球变局的时代，

---

[1] 林·亨特. 人权的发明：一部历史［M］. 沈占春，译. 北京：商务印书馆，2011：162.
[2] 林·亨特. 人权的发明：一部历史［M］. 沈占春，译. 北京：商务印书馆，2011：163.

我们需要明辨和理解一种"共同价值"，并将这一价值作为培养学生判断力的基础。无论是将此作为现代公民的观念，还是成为历史学科理性判断的价值观，都要求我们必须摒弃原先狭隘陈旧的价值观，确立起这一理念，理解这些"共同价值"，与走向"人类命运共同体"的未来将是我们历史教育的应有之义。

　　总之，我们需要培养学生的判断力，因为这是批判性思维能力的重要组成。同样，我们也更需要在历史学科中，运用历史学科丰富多样的学科资源来培养与提升学生的这一能力。如果从面向未来着眼的话，我们还有很多工作要做，也需要更加努力与开拓。对此，我还是非常有信心，据我有限的观察和了解，最近十余年来，上海的历史教育既有了突飞猛进性的发展，也有了脱胎换骨式的质变，老师们的教学热情和科研能力也都得到了激发与提升。相信在往后的数年中，上海的历史教育将会呈现出更为崭新的面貌和风采。当然，也期待率先走在这一研究领域前沿的李峻团队面世更为精彩的新作。

李宏图

2022 年 7 月 22 日

前/言

　　国务院办公厅制定了《关于新时代推进普通高中育人方式改革的指导意见》，这是 21 世纪以来国务院办公厅出台的第一个关于推进普通高中教育改革的重要纲领性文件，也让每位教师认识到内涵发展和提高质量是当下普通高中教育改革的重要方向。作为一名历史教师，在"新高考、新课程、新教材"的教改背景下，我们该如何面向未来去思考和实践学科教学方式、学习方式的改革创新，这不仅关乎到我们培养什么样的人、如何去培养人的问题，更关乎到我们将给这个世界留下怎样一代人的问题。我们的下一代应该成为怎样的人？不同的视角会产生不同的答案，但如果从人与世界、人与地球、人与宇宙的视角去思考这个问题，有一个答案应该不会缺席，那就是成为一个能解决现在或未来的复杂问题的人。而这个解决问题的关键能力是一个人的科学判断和决策能力，能在信息化时代获取、判断和处理海量信息，并在批判质疑中作出正确决策。因此，培养人的科学判断力是学科育人的使命。

　　从历史学科的视角去审视判断力的培养，它是贯穿在学科核心素养的培养之中，体现在唯物史观指导下，学生基于时空观念、史料实证，对史实、观点进行事实判断或价值判断，并在辨析"记录的历史""传播的历史""接受的历史"中，建构自己的历史观点，进行符合逻辑的历史解释，进而接近"真实的历史"。学习历史并不止于认识历史，学习历史的价值在于通过习得的史学思想和方法去解决新情景下的现实问题，甚至是未来问题。为此，我和我的团队从 2014 年开始，基于教学方式和学习方式改革的目标，进行了以判断力培养为切入点的高中历史教与学的探索。

　　2014 年，我主持了上海市首届中青年骨干教师团队发展计划，围绕"历史教学模式的转换：以主题阅读与写作教学为中心的建构"的主题，进行了三年多的教学实践研究。我提出了历史学科整本书阅读的教学模式，突破传统观念中对历史阅读教学只能在选修课进行的思维定式，在基础课中依据学情和学段确定阅读文本的主要类型；根据学生思维发展规律制订阅读文本的主要策略；依托不同类型的课程实践文本阅读的多元流程和方法；依据文本阅读的目标探索文本阅读的不同评价方式。主题阅读与写作教学模式的创新得到了同行们的肯定，团队教学成果也获得 2017 年上海市教学成果一等奖。

2017 年，在已有的阅读教学经验基础上，我主持了杨浦区重点课题"在历史语境中培养高中生判断力的实践探究"，在阅读教学中以"历史语境"为切入点来培养高中生的判断力。在此过程中，团队成员以"问题教学"搭起判断力养成的支架，以"表现性学习任务"作为主要评价方式，基于文本从"求是、求真、求通"三个梯度知道历史过往的"是什么""为什么"和"怎么样"。尤其在引导学生超越文本阅读时，让学生对前人整理、诠释、判断的东西进行再整理、再诠释、再判断，联系、思考、尝试解决当下的相关问题。在探索的过程中，《普通高中历史课程标准（2017 年版）》出台，强调"将正确的思想导向和价值判断融入对历史的叙述和评判中"，要培养学生"判断史料的真伪和价值""能对各种历史解释加以辨析和价值判断"、要培养学生"对历史事物进行理性分析和客观评判的态度、能力和方法""能够客观评判现实社会生活中的问题"。这些要求一定程度上鼓励我们在培养高中生判断力的道路上应该把路走得更宽、走得更深。

2018 年，全国历史统编教材在上海开始试点。之后，教育部颁布《普通高中课程方案》，提倡教师"进一步精选学科内容，重视以学科大概念为核心，使课程内容结构化，以主题为引领，使课程内容情境化，促进学科核心素养的落实"。在教育新变革的背景下，我和我的团队，上海市第四期"双名"工程攻关计划成员在原有判断力培养的实践基础上，开始了新一轮更为深入的探索。我们结合学科核心素养，以时空观念、史料实证、历史解释这些核心素养为切入点去思考如何拓宽高中生判断力培养的教学方式和学习方法。经过两年多的实践，逐步形成了主题式跨单元教学模式，形成了主题式跨单元教学设计六步法：选择大概念、确立多主题、构建单元群、设计问题链、探究真问题、形成评价数据。这个教学新模式基于高中历史统编教材，以某个大概念为切入点，通过多维度解读大概念的视角来建构单元群，以"问题链"的形式链接单元与单元、课与课、目与目的相关内容。其中，"大概念"是点，"多主题"是线，"单元群"是面，点线面通过"问题链"激发学生的深度学习，希望学生能通过"大概念—主题—问题链"，把习得的知识、方法去解决新情境下的问题。在实践中，团队特别关注"可视化"作业的设计，包括思维导图、概念图、手绘地图、漫话历史、辩论等多种形式，形成历史学科学生判断力水平层级划分的指向与参照标准。主题式跨单元教学是比较艰辛的探索实践，教师要从整合教材内容、创新教学组织和评价方式等多方面进行突破，这需要教师有不断超越自己的勇气，以及不忘初心、牢记使命的教育信念，一切为了学生。

2020年11月，我们团队进行了"'看'得见的思维，非一般的'合'力：名师讲坛·历史学科专场"为主题的展示活动。四位教师通过同课异构展示了主题式跨单元教学模式的实践成果。面对教师抛出的问题，学生之间的互相质疑，他们的集证辨据、诠释评判、流畅表达让我们"看"见了他们的思维过程，判断力培养显示出一定成效。杨浦区教育局局长卜健听完课后对我们的展示活动给予了高度肯定，她说："整个活动有新意、有意义、可借鉴，公开教学通过同课异构凸显共同主题，精心设计建构知识体系，实现在学科教学中培养学生的思维能力，体现了团队成员深度学习、深度研究以及在教学实践中的深入探索所取得的成效。展示活动综合体现了新时代杨浦教师教育教学的理念更新与精神风采，折射了教师团队'共研、共学、共进'，以主题式跨单元教学设计的形式推进教与学方式的变革，展现了杨浦教师队伍建设所取得的阶段性成果。"

2022年，在上海师资培训中心、上海教育出版社的大力支持下，我们团队教学实践的成果得以通过《看得见的思维——核心素养视域下的历史学科判断力培养》一书来呈现给大家，这不仅是对我们团队成员阶段性成果的肯定和鼓励，也激励我们之后继续围绕判断力培养做更多思考和实践，尤其在寻找初高中教学方式和学习方式的衔接、变革方面有更深入的探索。在此，感谢所有在我们团队实践过程中给予我们帮助的历史学界前辈、同行，以及团队成员所在的各个学校。本书的撰写者：第一章（曹玲、王雯），第二章（王长芬、张曦琛），第三章（张曦琛、叶朝良、卫佳琪、陈新幻、王康茜），第四章（张曦琛、张敏霞），第五章（李峻、张曦琛、王雯）。此外，还要感谢范国刚、曹东旭、杨帆、王春蕾、栾思源、蔡晓琛等老师提供案例，张曦琛老师进行最后统稿、校对等工作。

李峻

2022 年 8 月 31 日

▶ 第一章

什么是历史学科
判断力

第一节　无时无刻不在的判断力

一般意义上的判断力是指人们对事物本质及发展趋势"做出准确判断的能力"①，是一种能够透过事物纷杂表象看到本质、预判事物发展演变趋向的高阶思维能力。随着时代的发展，事物的关联性、复杂性等随之加深，在我们的日常生活中，小到衣食住行，大到职业规划和战略决策都离不开判断力。人们在解决问题时，进行事物判断的思维路径和方法等体现了个体判断力的高低。

一、信息化时代的判断力

判断力是在信息化时代实现去伪存真、理性思辨的关键能力。

信息化是当今时代发展之大趋势。近年来，国家相继发布《国务院关于积极推进"互联网+"行动的指导意见》《促进大数据发展行动纲要》《国家信息化发展战略纲要》等纲领性文件，说明信息化正对中国现在与未来的发展产生着重要影响。

信息时代的来临，改变着人们的生产和生活方式，也改变着人们的学习和思维方式。当现实生活中的世界和虚拟网络中的世界日益交融时，人们在享受数字红利的同时，也不可避免地要面对由此带来的一系列挑战与问题。

（一）海量信息带来的迷失

当今的信息时代步入了自媒体时代，人人都可以成为信息发布者，海量信息奔涌而至，不禁让人思考：我们离真相是越来越近了？还是越来越远了？为了吸引公众眼球，刻意制造冲突点，夸大或扭曲事实，任意剪辑视频、修改图片，发布不实信息等现象在网络环境中并不少见。由于信息发布者的媒体素

---

① 说辞解字辞书研究中心.现代汉语图解词典［W］.北京：华语教学出版社，2016：928.

养、发布目的、利益取舍等复杂因素，使得过度解读、扭曲事实的信息掺杂其中，"开篇一张图，内容全靠编""标题党"等虚假信息、失实评论屡见不鲜。面对海量信息，人们如何能做到不被互联网牵着鼻子走，如何能做到理性思辨不迷失自己，都需要个人判断力的参与，可以说判断力是信息时代青年人的媒介素养之一。

（二）信息茧房引发的困境

互联网时代信息量的提升有时并不等同于个人信息接受面的扩大。一方面，当面对大量信息推送时，人们往往会下意识地选择自己喜爱的，或在信息检索中挑选权重高的信息阅读，而略过自己不喜爱或不经常看的信息。另一方面，大数据时代会基于数据智能分析个人喜好，并按个人喜好进行信息推送，结果是窄化了个人的信息接受。由于个人的主观选择、平台算法推荐机制等因素，人们看似获得了比传统媒体时代更多的信息源，但实际却陷入了信息茧房之中，人们信息接受窄化、信息结构单一等成为互联网时代的新困境。

（三）信息碎片化导致的误判

伴随着现代的快节奏生活，随时获取的快餐信息，现代人还面临着信息碎片化的问题。图片式阅读、短语式对话、随手赞评论等已成为当下人们日常信息输入与输出的常态，碎片化的信息固然能满足人们见缝插针式的信息获取，但长此以往，当这样的阅读常态成为习惯后，人们会很难静心阅读长文本的信息，甚至对文本阅读的准确理解、评析等都会造成一定的困扰。

面对信息爆炸的时代，人们如何能从纷繁复杂的信息中筛选出正确的或有用的信息，如何避免人脑不被智能所左右，具备判断力这类高阶思维能力就变得尤为重要。以青岛"网红下水道"为例，此事源于 2010 年的一篇报道《青岛古力：一百年前的远见》，文中介绍了 20 世纪初德国占领青岛期间修建的排水系统，使得青岛这座城市能不惧暴雨，成为"中国最不怕淹的城市"。那么，真相到底是怎样的呢？从实际情况来看，当时德国建造的排水设施的确仍在使用，但在目前青岛城市排水系统中的占比不到千分之一，因而把城市排涝都归功于此显然夸大其词了。事实判断的错误进而也会影响人们正确的价值判断。由于过度夸大德国排水系统的作用，反而使人们忽视了这样一个历史真相：德国所建造的排水系统主要是围绕德国居民区，并未改变整个青岛的城市面貌，反而与华人居住区常年污水横流的景象形成了鲜明对比。当时德国所建排水系统的先进并不能掩盖德国在青岛的殖民行径及侵略中国的历史事实。

信息化时代下，人们能否具备去伪存真的筛选信息、符合逻辑的解读信息和客观公正的评价信息的能力已显得十分重要。面对纷繁复杂的问题，解决过程的每个步骤都需要人们有敏锐的洞察力、严谨的逻辑分析能力，以及"有一分材料说一分话"的实事求是的态度。

二、多元化时代的判断力

判断力是在多元化时代实现文化自强、文化自信的关键能力。

在人类历史从分散走向整体的过程中，各个民族群体、地域文化之间的交流日益加深。追溯历史，新航路开辟启动了全球化进程，西欧列强一度通过不择手段的竞争模式带来了自己的突飞猛进，然而西方殖民者对亚非拉地区的奴役和掠夺造成地区间的矛盾和冲突不断，列强间的纷争更是给人类带来了世界大战的灾难。20世纪以来两次世界大战带来的巨大冲击促使人们反思战争、反思历史。在全球化浪潮下，承认与接纳不同民族文化存在的差异性，理解和尊重不同文化存在的独特性，放下偏见与成见，携手并肩才是处理好当今和未来国际事务、推动人类社会共同发展的关键。

现今愈加发达的全球信息流通，加速影响着传统文化的转型发展、新型文化的孕育而生，不同民族、不同地域的文化面临着机遇与挑战，文化趋同化与文化多样化成为辩证共生的现象。例如，美国是一个移民国家，其境内的"阿米什人"坚守着自己的文化传统，一度抵制现代化的生活方式，拒绝使用汽车、电器、电话等现代生活中的事物，坚持在社区中使用自己的语言，驾驶马车，过着朴素、传统的农业生活。现在，阿米什人开始接纳电力、汽车等，围绕阿米什社区的旅游业也开始兴盛起来。阿米什人源于自己的宗教信仰和理念选择了传统的生活方式，无从评判对或错，但俨然成了现代社会生活的一种存在。

对于一个国家、一个民族,乃至一个个体而言,如何能在全球联系紧密的多元化时代实现自身发展且保持自我呢?面对自身文化传承、外来文化冲击的复杂局面,人们能否准确判断与抉择优秀文化,实现择善吸纳、创新发展已显得十分重要。中国是统一的多民族国家,有着悠久的历史文化传承。中华文明之所以能生生不息,既因为中华文化独立发展而延绵不断,又因为中华文化善于吸纳先进而创新发展。"文明特别是思想文化是一个国家、一个民族的灵魂。无论哪一个国家、哪一个民族,如果不珍惜自己的思想文化,丢掉了思想文化这个灵魂,这个国家、这个民族是立不起来的""中国优秀传统文化……可以为人们认识和改造世界提供有益启迪,可以为治国理政提供有益启示,也可以为道德建设提供有益启发"。[①]以史为鉴,中华文明的源远流长既是文化的积淀,也是各民族集体智慧的创新,不盲目崇拜外来文化,能理性思考异质文化的价值,善于汲取不同文化的精华,这正是中华文化的价值启示,更是让我们在多元化时代树立文化自信的历史智慧。

三、全球化时代的判断力

判断力是在全球化时代实现灵活应变、正确决策的关键能力。

当今世界风云变幻,让未来世界变得既可预测又存在诸多不确定性。上至一国的战略决策,下至一人的发展选择,从世界局势到个人生活无不需要作出判断。

就个人而言,需要基于现实与时代的视角来作出判断。每个人的一生都会面临很多抉择与判断的场景,比如,学生时代需要作出升学的判断,毕业之时需要作出职业选择的判断,个人喜好固然是选择与判断的重要依据,但绝不可忽视现实的需求、时代的要求。

就国家而言,需要基于更为宽广的全球视野来作出判断。比如,英国脱欧是举世瞩目的事件。当时的人们一度为欧盟的前景担忧,那么如何预判欧盟的

---

① 习近平.在纪念孔子诞辰 2565 周年国际学术研讨会上的讲话[EB/OL].(2014 年 9 月 24 日)[2020 年 12 月 14 日].http://www.xinhuanet.com//politics/2014-09/24/c_1112612018_2.htm.

未来走向呢？回顾欧洲一体化的发展历程可以看到，英国并非是推动欧洲一体化的先始力量，英国的加入与退出都是基于本国利益或现实的选择。历史上欧盟的发展并非一帆风顺，英国脱欧的冲击也不会是其面临的唯一困境，因此而不看好欧盟的发展前景似乎为时尚早。

又如，随着中国整体国力的攀升，自21世纪初以来中美贸易摩擦经常不断，2018年，特朗普政府再次掀起了新一轮的中美贸易争端。我们该如何看待这一现象呢？这将会给中国造成怎样的影响呢？回顾历史，在20世纪六十至八十年代，日本经济持续上升，日美贸易战一度也打得如火如荼。特朗普就任总统期间，美国与欧洲的贸易关系也曾一度恶化。若从历史发展的长时段视角来观察美国发起贸易战的原因，就能较好地理解这一问题。在当今世界局势下，中国经济的发展撼动了原来的世界格局。基于这样的分析，也就能为中国未来的发展作出更好的决策。

全球化时代的判断与选择不仅关乎一人、一国，更关乎人类未来之发展。比如，历史上的工业革命推动了人类社会的巨大进步，但在改造世界的过程中违背了自然、社会发展规律，人类为此也付出了沉重的代价：1952年伦敦烟雾事件、1943年美国洛杉矶光化烟雾事件、20世纪50年代日本水俣事件、1984年印度博帕尔化学品泄漏事件等，这些都在警示着人类在开发和利用自然资源的过程中不能一味追求经济效益，忽略环境的可持续发展。进入工业时代以来，碳排放量急剧增长，环境问题对人类产生了严重的威胁。发达国家无视过往自身发展给环境带来的压力，以牺牲发展中国家的发展契机为代价来实现节能减排，这种不公平的发展思维并不符合实际和未来的需求。相较而言，中国提出的"碳达峰"和"碳中和"的治理理念，兼顾了经济发展与环境保护两者的和谐关系，也为人类的未来发展提供了新思路。

无论是全球化时代频繁地跨文化交流理解，还是复杂国际环境下未来发展的选择，都需要有远见的正确判断；不论是引领时代的精英还是平凡生活的大众，判断力都是个人未来生活中必不可少的关键能力。

第二节　历史学科判断力的定义

历史学科判断力是在认识历史事件、人物或现象的过程中，表现出的独立思考、辩证分析、发现和解决历史问题的综合能力，含有集证辨据、逻辑推理、解释评价等学科思维特征，是学生在历史课程中习得，并迁移至现实问题解决中的关键能力。历史认识是由一个个判断构成的，源于历史学的本体特征，不仅有事实判断，还有价值判断。

一、历史认识中的判断力

历史是人类社会经历的客观存在，不可逆转，无法复制。人们感知、认识历史的重要媒介就是史料，这是人类过往经历中留存的直接或间接记录。在漫漫的历史长河中，人类活动的直接遗留多因自然环境的转换、人类社会活动的更迭而消散或毁坏，能够留存至今的史料也会存在信度与效度的问题。

一方面，由于不同的人对历史观察的目的、视角等不尽相同，记载历史的方式与结果也会有较大差异，或是将个人的好恶情感融入其中，或是有意删减、增添细节于其中，这些常有偏失的记载往往会给后人先入为主的印象。于是，一代又一代在前人研究基础上的再次探究，结果可能会距离真实的历史愈加遥远。另一方面，由于不同个体的学识、经历的差异，当面对同一史料时，对想象、推理、再现的历史事实所形成的历史认识会有所不同；由于同一个体所处境遇或时期的差异，即便是面对同一史料，所形成的历史认识也会有所改变。因而，历史是一个现实与过去、个体与史料不断对话、不断重构的发展过程。人们需要将认识对象置于一定的历史情境中，构建多来源、多类型的史料证据链，加以辨析、评判，方能较为客观地认识历史。

（一）事实判断

事实判断是历史判断中的基础判断。"无论作任何研究，材料的鉴别是最必要的基础阶段。材料不够固然不成问题，而材料的真伪或时代性如未规定清楚，那比缺乏材料还要更加危险。因为材料缺乏，顶多得不出结论而已，而材料不正确便会得出错误的结论。这样的结论比没有更要有害。"[①] 事实判断就是通过对史料的分析、评判来认识历史事实，包括对史料的信度与效度的判断，对依据史料得出史实的推理解释过程是否合乎逻辑的判断，聚焦于"是不是事实""如何知道这是事实"，目标是"知真""求是"。

基于历史学习的思维过程和能力层次，事实判断包括能正确区分史料的不同类型，如原始史料与非原始史料、一手史料与转手史料、无意史料与有意史料；能根据历史人物、事件、现象等研究对象的变化，评估不同类型史料的证史价值，懂得因研究对象和研究主题的不同，史料的信度与效度会随之发生变化；能正确区分史料中的历史叙述、历史解释、历史评价，通过归纳和比较发现历史叙述之间的异同点，遵循"史由证来、论从史出"和"孤证不立、多重互证"的理路还原相对客观的历史面貌。

（二）价值判断

"历史认识不是体验性的感性认识，而是与价值判断联系在一起的理性认识。"[②] 由于历史认识的主体不同、主体所处时代的不同等，对历史的观察视角、评判标准等都会有所不同。诸如"人类从共同劳动、平均分配的原始社会迈进财产私有、等级分化的阶级社会是历史的倒退还是进步？""秦始皇是无道暴君还是千古一帝？""数千年来孔子形象为何一直在演变？""哥伦布是伟大的航海家还是殖民掠夺者？""李鸿章是万人痛恨的卖国贼还是中国现代化的肇始者？""辛亥革命是成功了还是失败了？"关于这些问题在不同时期、不同人物都会有不同的认识与解释，对这些问题的评判过程中必不可少的就是价值判断。"评价离不开判断，没有判断，所谓评价也就成了无本之木，因

---

① 郭沫若.郭沫若全集·历史编·第二卷［M］.北京：人民出版社，1982：3.
② 于沛.关于历史认识的价值判断［J］.历史研究，2008（1）：12.

为判断是评判的基础和依据。"① 价值判断是从来源、性质和目的等多视角来说明历史解释差异化的成因，通过特定的时间联系和空间联系，对所发生的事实进行客观评价，聚焦于"为什么会发生""如何认定其价值"，目标在于"求通""立德"。

基于历史学习的思维过程和能力层次，价值判断包括能基于一定的历史逻辑推演出史料作者的情感和态度取向，能分辨历史解释和历史评价的异同点；能全面客观地阐释历史记录、历史解释、历史评价产生差异的原因；能基于一定的史料证据，对历史事件或历史人物等作出自己的理性判定，以此解决历史或现实中的问题。

在价值判断中，所要选取的史料证据应是多角度、互证的，甚至是相驳的，所要秉持的立场和视角也应是多方的、发展的、综合的，尊重认识对象的时代境遇和价值趋向，这样才可能做到全面客观。当然，价值判断的全面客观总是相对的，对此要有足够的认识，坚守历史研究的科学精神、理性思维、客观评判，亦属于价值判断的范畴。

二、历史学科中的判断力

历史学科判断力是历史学习过程中的高阶思维能力，包含了逻辑推演、批判思维、辩证分析等思维过程及探究问题、解决问题的能力。以史料教学为例，史料是人们认识历史、研究历史的最基本、最重要的材料，对史料和史料作者意图进行辨析，判断史料的真伪和价值，从中提取有效信息并阐述自己历史认识的学习过程，正是学生历史学科判断力的养成过程。

对史料的真伪与价值的辨析就蕴含着事实判断、价值判断。比如，通常情况下，学生会认为现场的新闻报道或是第三方的记录是比较可信的，其实这类资料是否可信、如何辨析价值是需要经过周全、严密的逻辑推理、多方互证才能作出判定的。

---

① 于沛.关于历史认识的价值判断［J］.历史研究,2008（1）:12.

甲午战争期间，"1894 年 7 月至 1895 年 11 月，日本 66 家报社共计派出记者 114 名、摄影师 4 名；1894 年 7 月至 1895 年 7 月，还有随军的画师 11 人在战场绘制战争场面"①。当时日本政府和军方利用公众信息传播方式掌握话语体系并引导舆论导向，一味美化其侵略行径。日方在战地报道中大肆渲染狂热的战争氛围，夸耀日军的英勇无敌，贬斥清军士兵贪生怕死而不堪一击，煽动日本民众蔑视中国、支持日军在华扩张的情绪。按照当时惯例，第三国可以派人至交战国观战了解情况，也可以派遣记者进行随军采访，"日本首相伊藤博文欢迎外国的武官和记者采访日军，但李鸿章却明令不允许外国记者采访淮军，更不许随军"②。当时日本聘请了美国《纽约论坛报》记者豪斯作为日本宣传战的总指挥，豪斯非常了解西方媒体的运作方式，于是在他的带领下，经过有计划包装的新闻报道层出不穷。此时，以英美为主的一些西方国家也未能秉持第三国的立场进行如实报道，而是在日方舆论的影响下，同时出于各自不可告人之目的就得出了"日清战争是文明与野蛮之战"等结论。比如纽约《先驱报》发文称，日本在朝鲜的作为是在帮助朝鲜反抗中国的野蛮统治，这是有利于东亚和平和世界和平的。亚特兰大《先进报》撰文表示，日本是亚洲进步的代表，美国将站在日本这一边。在这些报道的影响下，美国民众甚至称日本人为"东方美国佬"。由于日本成功地利用了媒体的力量，面对日本极力吹嘘"正义之战"的强大舆论导向，清政府则是束手无策，这更导致了国际舆论的一边倒。③若要研究中日甲午战争的性质、日方在华作战的真实目的等，这些所谓的战地报道其可信度是要打上问号的；若要研究交战双方、第三国的相关人员对这场战争的态度及战争宣传的方式和手段等，这些资料无疑是值得研究的原始史料。通过现存的当时日本政府和军方的档案、私人日记与信件，包括中国政府的档案记录及《马关条约》等各类资料的互证，能够有力地击破甲午战争是"文明与野蛮之战"的不

---

① 马步云，邢永凤.甲午战争期间日本的舆论动员和战时宣传——以随军摄影师龟井兹明为个案［J］.日本侵华史研究，2017（03）：11.
② 王群岭.近代日本侵华战争中的舆论宣传［J］.文史天地，2015（04）：5.
③ 王茹仪，王茹月，吴昊.甲午战争日本宣传战的舆论研究［J］.中国报业，2018（1 下）：78-79.

实说法，而这些战地报道恰恰成了当时日本极力掩盖其侵略行径的有力证据。

20 世纪 30 年代，日本发动大规模侵华战争，日方故伎重演，利用宣传手段为侵略战争服务，试图掩盖和美化自己的侵华行径。日本军部曾征召和鼓动大批画家进行"彩管报国"。这些画家在战争期间接受日本军部委托，多次奔赴中国各地，绘制多种题材的"战争记录画"，并在日本国内、日占区伪满洲和朝鲜等地举办了弘扬军国主义和"大东亚共荣"的画展，展出"战争记录画"两千多幅，还将卖画所得捐献给日本军部。[①] 比如，宣传图片《中日如兄弟共建东亚和平》就是日本篡改中国"司马光砸缸"故事而编造的。图中以传统中国园林景观为背景，一位穿着日本军装制服的小男孩打破了大水缸，水流破势而出，救出了一名中国小男孩，水缸上方显示有"中华民国"五色旗与日本国旗。这幅图片反映的"中日如兄弟共建东亚和平"的主题显然与日本在中国实施的灭绝人性的战争行为并不符合，对图片主题的真实性判定属于事实判断，对日本篡改中国传统故事而绘制宣传画的行为目的探究则属于价值判断。

比对彼时相关的中国、日本及第三方的政府档案、国际会议记录、国际法庭审判资料、书信、日记等，就可知这些所谓的"战争记录画"并非是对真实战况、民众生活、军民关系等的如实记录。当时日本大费周章制造这些"战争记录画"的目的也是显而易见的，战后国际社会对这些画作的判定更是证实了日本试图美化战争、煽动民众的真实意图。1951 年，美国正式认定"接收的'战争记录画'具有军国主义色彩的政治宣传作用，不能被认定为艺术，因此这些作品的处理并不受投降文书和国际法对文化财产保护、保存、赔偿相关规定的约束"[②]。

如果说绘画在艺术创作过程中掺杂了作者的个人意图，那现场拍摄的照片是否就没有问题了呢？《支那事变画报》是日本创办于侵华战争期间的重要宣传工具，曾刊登了大量表现日军"仁慈""善良"的照片，《穿军装的天使》是其中最为典型的一张照片。照片描绘的是在徐州会战中两名日本军人捡到了一名中国婴儿，一名士兵抱着孩子，另一名士兵正在用水壶给孩子喂水，整个画面

---

① 李亚航 . "彩管部队"：侵华战争时期日本随军画家研究［J］. 历史教学，2020（02）：58.
② 李亚航 . "彩管部队"：侵华战争时期日本随军画家研究［J］. 历史教学，2020（02）：65.

显得平和、充满人情味。① 可就在这张照片拍摄的一个多月前,日本侵略军正在南京制造惨绝人寰的大屠杀,成千上万的婴儿死于日军之手。《支那事变画报》对泯灭人性的南京大屠杀采取了回避、沉默的态度,在一个多月后大手笔刊登了一张充满"温情"的军民摆拍照片,意在混淆视听,弱化甚至掩盖日军在中国沦陷区烧、杀、淫、掠的滔天罪行,进而模糊战争的侵略性质。

被伪造的历史、有意创造的史料无法掩盖真相,作为历史的留存仍有自己的证史价值。比如,同一幅作品在日本本土和中国境内展出时,大多出现了更名的处理。"田村孝之介的《宛平县城攻击图》在《盛京时报》的宣传中被更名为《卢沟桥》;中村研一的《蒙疆机械化部队》则被更名为《匍匐过花前》。"② 这一现象恰恰证实了当时日本的险恶用心,一方面在本土向国民大肆宣扬日军在华的战绩,另一方面用更名的方式在中国境内营造日中亲善的氛围,淡化日军的侵略行为。直至今日,这些所谓的战地画作、照片仍为一些日本右翼势力作为否认侵华战争的"证物"。

通过上述案例可知,判断力是学习历史的关键能力。历史学习中有事实判断,也有价值判断。事实判断是价值判断的前提,事实判断的结果在一定程度上影响着价值判断,同时历史研究的对象、角度也影响着事实判断与价值判断的方向。

第三节　核心素养视域下的历史学科判断力

一、基于一线教师调研的认识

历史学科核心素养与历史学科判断力之间是否存在关联?对这一问题的思

---

① 侯杰,孙巍溥.日本侵华战争时期宣传策略探析——以《支那事变画报》为例[J].民国研究,2017(32):11.

② 李亚航."彩管部队":侵华战争时期日本随军画家研究[J].历史教学,2020(02):63.

考既推动了一线教师去主动理解学科核心素养，也是深入探讨教学转型中新问题的过程。上海共有 500 多位历史教师参与了问卷调研，教师们普遍认为两者之间有着密切关联。

例如，关于多选题"您认为历史学科核心素养与历史学科判断力有何共通之处"，勾选"都指向问题解决能力""都强调历史与现实的关联""培养路径有相通之处"三个选项的教师占比分别是 88.61%、83.68%、74.19%。关于多选题"您认为判断力的养成最有利于发展哪些历史学科核心素养"，勾选"史料实证""历史解释""唯物史观"的教师分别占比 85.39%、79.13%、73.24%。调研数据显示有 94.88% 的教师认为"事实判断和价值判断都离不开特定的时空环境"，92.03% 的教师认为"事实判断与史料实证素养关系最为密切"，87.29%的教师认为"家国情怀为价值判断提供正确的价值观念支撑"，85.20% 的教师认为"唯物史观为价值判断提供科学的历史观和方法论"，81.78% 的教师认为"唯物史观为事实判断提供科学的历史观和方法论"，78.94% 的教师认为"价值判断与历史解释素养关系最为密切"……

不仅如此，高中历史课程标准建议教师创设历史情境，以核心问题为引领，通过学生问题解决的过程来检验学科核心素养的达成情况。基于此，围绕着判断力与历史语境下的问题解决也作了相应的调研，上海有近 200 名历史教师参与了问卷调研，数据分析显示："有 63.79% 的教师认为判断力是'将所学知识融会贯通，对复杂的新情境能够重新整合，解决问题的能力'；超过 90% 的教师认为开展'在中学历史课堂教学中凸显判断力养成的研究'十分迫切、较有必要；在凸显判断力养成的课堂教学形式种类中，77.01% 的教师选择了'历史语境下理解诠释文本信息'，67.82% 的教师选择了'阅读文本中培养辨析质疑意识'；有60.34% 的教师认为历史教学中的语境建设有助于凸显判断力的养成。"[①] 参与调研的教师大多认为，以历史情境融入问题教学，学生分析、解决问题的过程是判断力养成的主要路径，这也是历史学科核心素养培育的重要路径。

从调研结果看，参与调研的历史教师大多认为历史学科核心素养与历史学

① 李峻.在历史语境中培养高中生判断力的实践探究［J］.现代教学，2019（10A）：31.

科判断力有着密切联系，在历史联系现实、指向问题解决等方面两者有着颇多的相通之处。他们认为培养学生历史判断力是落实历史学科核心素养的有效抓手，而诸素养的培育与落实是能在学生学科关键能力——判断力提升中得以显现的。

二、基于学科核心素养的理解

高中历史课程标准提出，要"将正确的思想导向和价值判断融入对历史的叙述和评判中"，培养学生"判断史料的真伪和价值""能对各种历史解释加以辨析和价值判断""对历史事物进行理性分析和客观评判的态度、能力和方法""能够客观评判现实社会生活中的问题"等能力。历史教学指向的"评判""判断"等关键能力的培养与落实学科核心素养密切相关。

（一）历史学科判断力是落实学科核心素养的有力抓手

历史学科核心素养包括唯物史观、时空观念、史料实证、历史解释和家国情怀五大方面。各方面虽侧重点有不同，但作为学科核心素养又是一个有机的整体，不可割裂。在教学落实时五个方面不能作简单的切割，其落实情况也是通过学生解决历史或现实问题过程中的能力表现得以观察的。正是基于这一认识，历史学科判断力作为历史学习中的一种高阶思维能力，体现了个体在知识理解与运用、严密推理与协同思考方面的综合能力，一定程度上也能反映学生学科核心素养的落实情况。因而，历史学科判断力就成为落实"无形"素养的"有形"抓手。

以历史解释为例，《普通高中历史课程标准（2017 年版 2020 年修订）》关于历史解释的水平 3、4 分别阐述为"能够分辨不同的历史解释；尝试从来源、性质和目的等多方面，说明导致这些不同解释的原因并加以评析""在独立探究历史问题时，能够在尽可能占有史料的基础上，尝试验证以往的说法或提出新的解释"，做到"尽可能占有史料"的前提就是要对史料进行事实判断，并评估证史价值。"说明原因""加以评析""提出新的解释"则是对历史事件、人物或现象等作出价值判断。学生的事实判断、价值判断的具体表现无疑反映了历史解释的达成水平。如，家国情怀素养是"学习和探究历史应具有的人文追求，体现了对国家富强、人民幸福的情感，以及对国家的高度认同感、归属感、责任感和使命感"，凸显学生的国家认同、民族认同、道路认同和文化认同，而形成认同感、归属感的前提是要有趋同的价值判断。价值判断会受到时代背景的影响，因而引导学生学习历史并联系现实，亦是古今贯通、立足当下的情感教育。

（二）历史学科判断力在落实学科核心素养过程中提升

历史学科核心素养是历史课程的育人目标，作为"有形"抓手的历史判断力不仅助力学科核心素养的落实，也在此过程中实现了自身的发展与提升。

以唯物史观为例。唯物史观是揭示人类社会历史客观基础及发展规律的科学的历史观和方法论，也是培养学生历史学科判断力的理论指导。人类社会的历史按照一定规律不断发展变化，人们对历史的认识是由表及里、逐渐深化的，要透过历史的纷杂表象认识历史的本质、揭示历史发展的规律，科学的历史观和方法论是必不可少的。唯物史观使历史学成为一门科学，只有运用唯物史观的立场、观点和方法，才能对历史有全面、客观的认识。[1]唯物史观的基本观点有：社会存在决定社会意识，社会意识反映社会存在并对社会存在起促进或阻碍的作用；生产力决定生产关系，生产关系对生产力有反作用；经济基础决定上层建筑，上层建筑服务并反作用于经济基础；社会形态从低级阶段向高级阶段的发展；正确运用阶级分析法；人民群众是历史的创造者，杰出历史人物和领袖人物在历史发展中起着重要作用等。唯物史观是历史认识的指导思想和方法论基础，学生以唯物史观为指导，能够比较系统、整体地研究历史，认识人类社会从低级到高级、世界历史由分散到整体的发展规律，懂得各种历史解释的成因，对历史与现实问题作出客观评判，提升自身对历史和未来社会发展趋向的判断能力。

再以时空观念为例。时空观念是在特定的时间联系和空间联系中对事物进行观察、分析的意识和思维方式，是历史学科本质的体现。任何历史事物都是在特定的、具体的时间和空间条件下发生的，只有在特定的时空框架中，才可

---

[1] 中华人民共和国教育部. 普通高中历史课程标准（2017 年版 2020 年修订）[M].北京：人民教育出版社，2020：4-5.

能对史事有准确的理解。[①] 能否区分史料的不同类型和证史价值、能否运用史料对历史事物作出事实判断和价值判断，都需要结合特定的时间和空间，因为不同的时空条件下对相同的历史事物进行评判往往会得出不同的结论。明了史料产生的时间、地点与研究对象的关联，才能判断史料性质，进而评估史料的证史价值；知道史料作者所处的时空特征和历史条件，才能联系作者的立场、意图或情感态度加以评析；建构起历史发展的基本脉络，把握历史阶段的发展特征，把研究对象置于一定的历史时空，才能全面理解其形成的历史原因和影响，并作出较为准确的判断。徐蓝教授在广州历史骨干教师课程培训中举了"唐宋变革论"的例子，她指出不少中学历史教师在宋史教学中常会引用日本学者内藤湖南的"唐宋变革论"。然而，多数教师对于内藤湖南提出这一观点的政治目的并不了解，其实这是为日本当局侵华服务的理论。[②] 内藤湖南生于1866年，逝于1934年，是日本的学者、记者和政论者。他在20世纪初提出"唐宋变革论"，此时正是日本妄图加强扩张独占中国的时期，他还抛出"未来，中国文化的中心将转移到日本，由日本来代替中国，实现文化的复兴，这是近代日本的国家使命、文化天职。……日本既然承担着这样的使命，那么为实现这一目的而对中国采取的武力手段也具有合理性"[③] 等相关言论。他的"唐宋变革论"带有明显"合理化"及"美化"日本侵华行径的政治目的。因而，无论是对内藤湖南"唐宋变革论"的价值判断，还是引入教学的价值判断，都需要教师进行入时入境的评判与考量。

三、基于学科本质功能的认识

历史学科本质上是"一门立足于现实、关于价值判断的科学"[④]，历史记录

① 中华人民共和国教育部. 普通高中历史课程标准（2017年版2020年修订）［M］. 北京：人民教育出版社，2020：4-5.
②③ 刘红影，陈洪义. 价值判断：学术史料引入课堂不可缺失的准绳［J］. 中学历史教学，2020（04）：38-39.
④ 于沛. 关于历史认识的价值判断［J］. 历史研究，2008（01）：12.

是历史学家运用判断力而得出的历史认识。

（一）历史学科判断力是学习历史的关键能力

对于"历史"的理解大体分为两种：第一种，历史是人类过去的经历，是人类社会客观存在的历史；第二种，历史是人们对于人类过去经历的研究，即历史研究者们记录、调查、研究、评价的主观历史。鉴于研究者所掌握的史料真伪、数量等，所采用的研究方法、持有的史观是否科学，以及研究者所处的时代、立场和个人经历等因素，人们只能无限地接近已经过去的客观历史，被记录、调查、研究、评价的历史难免会带有个人与时代的烙印，因此，"历史是基于史料证据和视角视野的解释"①。

英国史学家柯林武德曾定义"历史学是一种研究或探讨"，历史学要弄明白的是人类的"活动事迹"，即人类在过去的所作所为。"历史学是通过对证据的解释而进行的。"② 司马迁所著的《史记》被认为是中国史书的典范，列为中国二十四史之首。王国维将记录商朝人占卜活动的"甲骨卜辞"与《史记》作了互证，从而证实了《史记·殷本纪》关于商代帝王世系的记载基本可信。但若聚焦《史记》所记载的人与事的话，仍有颇多疑点。例如历史上的商纣王是否真的如《史记·殷本纪》所记载的那般荒淫无度、残暴昏庸，还是存在争议的。又如《史记·项羽本纪》中记载项羽烧秦宫室，火三月不灭，被后人误读为项羽火烧了阿房宫，如唐代杜牧所作《阿房宫赋》。根据现在的考古发现阿房宫遗址并无大量火烧痕迹，反而是秦咸阳宫遗址发现了大片的烧土遗迹。历史的真相总是在新材料的发现、新技术的发展、新视角的拓展中呈现出不同的面相，也许这就是历史探究的无穷乐趣与魅力所在。欲"究天人之际，通古今之变，成一家之言"的司马迁赋予诸多历史人物和史事以个人的想象，他撰史的依据有哪些？他认识历史的价值尺度是什么？他对后世史家产生了怎样的影响？不同时期、不同身份的历史人物又是如何评价《史记》的？这些都是值得人们研究和思考的问题。

---

① 上海市教育委员会教学研究室.中学历史单元教学设计指南［M］.北京：人民教育出版社，2018：79.

② 周靖，罗明.核心素养中学历史学科育人机制研究［M］.上海：复旦大学出版社，2018：4.

历史总是在研究者的事实判断中不断被重构、注释，又在研究者的价值判断中不断被解释、评判。学习历史的过程中，无论是试图接近客观存在的历史真相，还是试图辨析前人记录的历史面相，都需要具备这一关键能力——历史学科判断力，才能拨开迷雾尽可能接近真实，这是学史的意义所在。

（二）历史学科判断力是面向未来的必备能力

历史是人类社会的过往经历，那么研究历史对现代人的意义何在呢？人们研究和理解历史是为了以史为鉴，更好地观察、思考、认识今天与未来。历史与现实是存在联系的，关注时代与社会的发展需求正是历史学的价值所在。历史研究者都是从自身所处的时代和环境出发去观察与研究历史的，而观察与研究历史的目的是为了更好地认识现在与未来。在历史学习中，学生学会像历史学家那样观察历史、理解历史和解释历史的思维方法与能力，并将之迁移至现实生活的问题解决之中。

历史学科判断力是可迁移的思维能力。历史学习中的判断能力包含着质证意识、批判思维、逻辑推演及综合评判等特点，不仅仅是发现问题、分析问题和解决问题的能力，也是个人价值观念、探究精神的体现，这些能力与态度最终影响到个人对现实问题的处理。尤其身处信息时代的当下，人们主动或被动地接纳着海量信息，面对着预料中或意料外的突发情况，能否独立思考、准确辨析和果断选择就会成为掌握事物发展主动权的重要前提。因而，在历史课程中培养学生判断力，可以使学生对现实与未来有着更为敏锐的洞察力，运用学习中所获得的知识经验、技能方法来分析、解决现实生活中的问题，预判未来趋势。历史教学的生命力就是学以致用、学有所用，这也是对当下时代与社会的呼应。

第二章

培养历史学科判断力的教学策略

第一节　以大概念引领整体教学

高中课程方案指出，各学科"精选了学科内容，重视以学科大概念为核心，使课程内容结构化，以主题为引领，使课程内容情境化，促进学科核心素养的落实"[①]，如果说学科核心素养是学科课程与教学改革的引擎，那么大概念就是课程与教学改革的着力点。

一、什么是大概念

（一）内涵与特征

大概念的英文为"Big Idea"，是当前我国基础教育领域课程改革的一个热词，有学者将其译为大观念、核心观念、核心概念等。20 世纪 60 年代，课程变革领袖杰罗斯·布鲁纳提出"一般概念"，并基于"一般概念"构建了螺旋式课程的设计思想，成为大概念思想的最直接来源。大卫·奥苏伯尔的"要领概念"、本杰明·布卢姆的"基本概念"和菲利·普菲尼克斯的"代表性概念"等，都具有大概念的内涵和意义。不同的学者专家从不同的视角出发，对大概念有不同的界定。

奥尔森将大概念称为"能带回家的信息"，是具体的经验和事实都已经被忘记之后还能长久保持的中心概念，对较宽广的经验事实都具有解释力。林恩·埃里克森认为大概念是一门学科中最为精华的存在体——"元知识""元认知"，是基于事实并加以抽象出来的且具有很强的可迁移性。默里·怀特利认为可以借助大概念把零散的知识点联结起来，并构建起有意义的大概念群，从而

---

① 中华人民共和国教育部.普通高中课程方案（2017 年版 2020 年修订）[M].北京：人民教育出版社，2020：4.

简化学生的认知模式,他把大概念比喻为"理解的建筑材料"[1]。格兰特·威金斯则将大概念比喻为"车辖",车辖是一种配件,能够使车轮(即学科知识和技能)固定在车轴(即学科核心)上,具有"概念魔术贴"的作用,有助于知识和技能的整合,并使知识和技能在大脑中得以固定。[2]

　　基于上述梳理,我们将学科大概念界定为:居于学科中心地位,能反映学科本质,具有较为广泛的适用性和解释力,兼具认识论、方法论、价值论意义的关键性概念。学科大概念能使零碎的、散乱的学科知识整合起来,为学科提供强有力的解释和综合考察,学生可以此为"概念锚点"来深入挖掘学科内核,有效迁移和洞悉学科知识,从而获得学科核心素养。学科大概念表现出以下三个特征:

　　1. 本质性

　　本质性体现了大概念的认识论意义。学科大概念具有一定的"抽象性",它不是学科课程的某一个具体的知识性概念或名词,而是从事实、经验和概念中简明扼要地概括和抽取出来的共同本质特征,可以理解为学科的核心概念。徐蓝、朱汉国主编的《普通高中历史课程标准(2017年版)解读》中就将核心概念理解为"在掌握具体历史史实的基础上,通过抽象概括而形成的对历史史实本质性的认识"[3]。

　　2. 统摄性

　　统摄性体现了大概念的方法论意义。学科大概念具有很强的吸附力,能统摄大量的学科知识,能将离散或琐碎的不同主题和知识技能实现有意义的"黏连",将各种相关概念和理解联结为一个连贯的整体。因此大概念不是一个基础概念,而是一个聚合概念,能够继续细分,形成由若干层级的小概念组成的结构框架,就像俄罗斯套娃一样,一个大套娃中有一个小套娃,小套娃中还有

---

① 李学书.指向核心素养培育的大概念:课程意蕴及其价值[J].课程与教学论研究,2020(4):69.

② (美)杰伊·麦克泰格,格兰特·威金斯.追求理解的教学设计[M].闫寒冰,译.上海:华东师范大学出版社,2017:72.

③ 徐蓝,朱汉国.普通高中历史课程标准(2017年版)解读[M].北京:高等教育出版社,2018:76.

一个更小的套娃。大概念能够沟通和建立各个知识点、子概念之间的内在联系,可借以理解各个事实、经验、事物和概念的意义(见图2-1)。

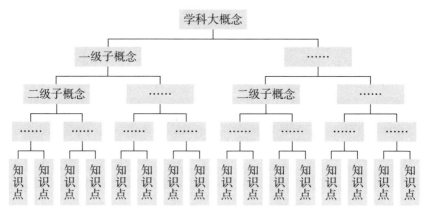

图 2-1　学科大概念与知识结构图

3. 迁移性

迁移性体现了大概念的价值论意义。学科大概念具有很强的"解释力",它超越了个别的知识和技能,能提供理解知识、研究和解决问题的思想方法或关键工具,随着时间的推移能被应用于其他纵向的学科内情境和横向的学科间情境,以及学校以外的新情境。大概念不仅具有持久的可迁移应用价值,其本身还可能蕴含着人们对于自我、自然和社会的价值观念。

(二)类型与结构

学科大概念具有概括性、综合性、抽象性,属于知识上位的知识、知识内隐的知识,兼具隐蔽性和稀有性,较难被师生发现。一般可从以下路向去发掘(见图2-2):

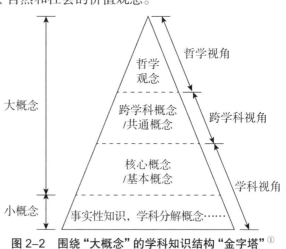

图 2-2　围绕"大概念"的学科知识结构"金字塔"①

---

① 于孙杰.大概念引领下的整体教学——立德树人背景下高中育人方式改革的可能路径[J],中小学德育,2019(10):23.

1. 哲学视角

哲学是人类对主客观世界最为基本、最为本质、最为普遍的看法，是最能反映和揭示人类对宇宙内一切事物基本规律和本质特性的学科。从古至今，虽然历史事件、历史现象纷繁冗杂、变化万千，但是都可以从历史唯物主义的宏观视角去科学合理地阐释和解析，唯物史观的基本观点即可以作为哲学视角的大概念。

2. 跨学科视角

各学科的知识体系既有区别又有关联，既相对独立又相对统一。普遍适用于各学科的共性、通性的概念有：起因与结果、结构与功能、数量与质量、稳定与善变、工具与能量等，专家把以上概念称之为"共通概念"。[①]

3. 学科视角

学科视角下的大概念通常被称为"核心概念"，是居于学科中心位置、为数不多的概念。就历史学科而言，大概念在历史教学过程中发挥纲举目张、提纲挈领的作用，能够深刻地解释、揭示历史学科内的现象事物，能够将历史学科的具体概念与跨学科的共通概念、哲学概念对接和贯通起来，能够在历史学科视野内建构较完整的认知体系。比如，就中国优秀传统文化而言，从共时性和历时性两个视角可以观察其发展变迁的现象，从社会存在决定社会意识的视角则可以分析其发展变迁的原因，从而形成对中国优秀传统文化比较完整的认知。因此，中国传统文化可以作为历史学科的一个大概念。

二、大概念与核心素养

2014 年 3 月，教育部颁布的《关于全面深化课程改革 落实立德树人根本任务的意见》，要求启动研制中国学生发展核心素养，从学科内容立场转向学习者为中心的核心素养立场，以此解决我国课程改革中的突出问题，我国由此进

---

① 谢绍平，董秀红.美国新《K-12 科学教育框架》解读［J］.外国中小学教育，2013（03）：55-61.

入"指向核心素养的教育时代"。2018年1月，教育部发布了20个学科的普通高中课程标准，不仅凝练了各个学科的核心素养，并提出使用大概念统整各学科课程内容，引领课程与教学改革，以学科大概念为核心促进学科核心素养的落实，体现出大概念在学科核心素养落实中的重要价值。

（一）大概念是核心素养楔入学科知识的固定锚点

学科核心素养是核心素养在学科层面的表达，其目的在于使学生通过特定知识内容的学习，习得有价值的思想方法，最终具备面对自我、社会与自然的观念能力。大概念居于学科知识与观念的中心位置，具有中心性特征，是学科核心素养下的具体化表征。学生理解并运用大概念，有利于他们把握学科内容的基本知识结构及其内在发展的脉络，促进大概念、学生、学科核心素养三者之间的互动。

作为学科核心素养融入学科内容的固定锚点，大概念锚定的不仅是学科内容的基本框架，让学科核心素养不再是停留在理论层面的分析论述，也指向课程建设与教学过程的互为观照，提供了教师教学设计的思路和学生学习抓手的理路，使学生在大概念的引导下能够像学科专家那样思考。

在具体实施大概念教学过程中，大概念可以作为单元设计的概念基准，让循序渐进、逐一学习的概念在大概念之下具有一定的相关性。尤其针对跨学科的一些概念，比如"起因与结果"，使用大概念进行概念联结是跨学科教学的有效路径，也是解决现实相关问题的关键所在。学生习得大概念，就像拿到了一张学科地图，在头脑中形成由该学科组成的指南针，引领学生找到方向或者工具解决以后遇到的相关问题，这个指南针就是学科观念。学生在离开学校之后如果不从事相关行业，其所获得的具体知识是很容易遗忘的，而其所形成的观念则不然，学生仍然能够针对复杂的问题联结相关零散的学科知识，即使无法准确回忆起具体内容，也能够根据线索找到解决途径。大概念突破了知识的琐碎与零散，促进知识横向联结的发生，在大概念之间形成知识网络，形成知识与知识之间的联结通路。这种通路使得知识像是游走的积木，在遇到不同的问题时互相融合与拼接，以适应解决问题的需要。可以说，大概念为学生提供了一个组织信息的蓝图，减少了必须记住的内容数量，强化了学生的迁移能力。

（二）大概念是课程知识通往核心素养的上升阶梯

当今世界发生着深刻变化，互联网尤其是人工智能的问世与发展，加速了知识更替，加大了未来社会发展的不确定性。美国哈佛大学教授、著名心理教育学家戴维·铂金斯因此提出了"什么样的知识是值得学习的"这一命题。而学科核心素养是指学生通过学科课程学习后达成的正确价值观、必备品格和关键能力，指向学生的终身发展，体现了"为未知而教，为未来而学"的课程育人理念。学科核心素养与核心素养一样，并非是孤立的单一素养，而是综合的整体素养，不同维度、不同内容的素养之间相互联系、相互补充、相互促进，在具体情境中整体发挥着作用。一般情况下，学科核心素养处于静默状态，当个体处于一种具体情境中，即个体与自我、社会以及自然进行互动时，它就会统整知识、技能与情感、态度，最终表现为个体的行为选择。学科核心素养是学生生存和发展所需的基本素养，这些素养不仅广泛，而且有强有力的适用性，可从一种情境迁移到另一种情境。美国认知教学理论学者罗耶，基于信息加工视角提出迁移的可能性取决于在记忆搜寻过程中遇到相关信息或技能的可能性，搜寻可能性越大，则迁移可能性越大，任何增加信息间交互联结的方法都有助于提升迁移的可能性。

希伯特（Hiebert）指出，若学生能够了解所学的内容同已知的其他内容的关联，学生就能很好地理解，并且这种关联的数量和强度越大，学生的理解就越透彻。学生依据大概念可以有序组织其在学习期间遇到的事实、概念、过程和方法，建立学习单元之间的相关以及与其他学习领域的联系，使学生意识到自己所做的一切都与大概念这个中心有关。大概念为教师提供了一个有效的方式来组织教学单元的内容。教师围绕大概念组织教学时，可以更容易地从必要的内容中分离出不必要的细节，选择合适有趣的活动，并将其组织成一个整体；能够帮助学生理解知识间的相互联系，增加知识结构内各单元交互联结的数量，提高学生应用所学知识解决实际问题的能力。学科核心素养虽然指向可迁移性，但其本身并不具备形成可迁移性的操作性策略，而大概念的网络状特性及其可迁移性特征恰到好处地使学科核心素养在具体实践中落地生根。学科核心素养以大概念作为结构组成单体，将帮助学生更好地建立素养内与素养间的网络结构，根据所遇到问题情境的召唤，触发大概念的联结机制，最终使问题获得合理解决。在现实生活中，问题往往都是复杂的、跨学科的，大概念促使学生形成的知识联结网络能够帮助学生迎接来自社会等多方面的挑战，依据不同的事物进行适应性转化。这种适应性转化从根本上强调在任意时间以及任意地点都能够使个体获得幸福。

三、大概念与整体教学

康德曾说：知识在本质上是一个整体，正确使用人的理性可以指导主体将支离破碎的、不完整的知识统整、上升到更高原则的整体知识。怀特海指出：教育的对象是有血有肉的人，教育的目的应在于激发和引导学生的自我发展之路。知识的本质与教育的目的呼吁教育的整体性，培养"整体"意义上"完整"的人。由于传统的学校教育侧重于按学科、按模块、按知识点实施课堂教学，"圈养式"的课堂教学使得教师将抽象化的、形式化的理论知识传授给学生，直接割裂了知识由实践而来的生成过程，也忽视了在知识生成过程中所形成的重要思想与方法，学生习得的通常是远离世界的"片面化"和"碎片化"的孤立知识。

"整体教育"的观念早在19世纪末20世纪初就已被提出。著名的意大利哲学家、教育家鲁道夫·斯坦纳指出，只有当人的情感、意志与思考三个维度和谐统一发展，人才能成为真正意义上的人。20世纪80年代末在西方逐渐形成了"整体主义思维方式"这一新的哲学观念，同时在北美兴起了强调相互联系与学科交织的"整体教育"思潮。整体教育涵盖了生命的多样维度和领域，"关联""包容""和谐"是其核心原理。随着整体主义思维方式和"整体教育"思潮的兴起，整体主义的学习论与课程论也逐渐形成和完善，并取得大量成果。

在我国，随着基础教育课程改革的推进，强调知识整体性和单元整体作用的教学观愈加受到重视。特别是在分科教学的大环境下，结合学生实际对学科单元知识的多维度整合就显得尤为重要。钟启泉教授指出，单元设计不只是对知识点与技能训练的课时安排及单元重难点知识的分析，而是教师以学科核心素养为指导，思考怎样描绘基于一定目标与主题而展开探究教学的活动，目的是教师应该学会有机地、模块化地处理教学内容，进行"单元设计"，这是"撬动课堂转型的一个支点"。基于整体进行单元教学设计，可以解决由"课时主义"即按知识点教学造成的教学内容碎片化、知识技能训练过度化等问题。马兰教授认为"整体化有序设计单元教学"还可改变"重细节轻整体"的教学思维，重视构建完整的知识体系以提高教学的有效性。

大概念具有本质性、统摄性、迁移性，依托大概念，可以把知识点整合在一起形成知识体系，便于记忆的同时，更利于以此为基础形成思维的链接和建构，掌握学科思维方法，生成自己对历史的理解，形成历史认识和历史观点，并在遇到新情境、新问题时加以迁移应用。因此教学中对于教学主题的确定、教学目标的指向、教材内容的取舍以及核心素养的培养等都可以围绕学科大概念来实施。

对应整体教学论的整体教学法遵循"整体—部分—整体"的步骤组织教学，那么，如何在教学中恰当地把握这个"整体"呢？一般教材是按照相对独立的专题或模块为单元进行内容编写，这里的"整体"可理解为单元的整体知识结构，包括内容体系与价值、思想与方法、过程与本质等。要整体理解单元的知识结构，就需了解知识产生的背景与历史脉络。只有了解知识产生和发展的经过才能真正把握知识所承载的价值、思想与方法，才能了解单元内部知识点之间、单元之间及其学科之间的丰富联系。要把握单元与具体课时的教学目标，就需了解课程的总体目标。要使教学得以有效实施，还需对学习对象的年龄特征、知识储备和认知水平有整体的把握。

四、历史学科大概念

2019 年 9 月以来，高中历史统编教材在全国各地陆续使用，教材的特点之一在于容量大、知识点和历史概念繁多，从而与有限的课时之间形成了矛盾，"赶课时"成为不少历史老师最关键的教学任务，留给探究问题、涵育素养的时间与空间很少甚至没有。因此不少老师提出选重点讲，这一观点似乎有一定的道理，毕竟把所有内容都当作重点讲，就意味着没有重点，删繁就简有所侧重，才能真正意义上突出重点。但问题在于以什么标准来挑选重点呢？如果仅仅只是简单随意地挑重点来讲，留下的是若干点状的知识，这样的课堂将是碎片化的，不利于学生形成知识框架，也不利于学生历史思维的发展，历史判断力的培养同样无法落实。

高中历史课程标准中关于必修课程的"教学提示"指出，"要仔细分析每个学习专题的重点内容、核心概念和关键问题"，这实际上就是抓大概念的做法。围绕大概念作为选择和确定重点内容的标准，并用之组织历史学科的知识以建构完整的知识框架和概念体系，促使学生超越对零散史实的记忆，达成对历史的深层理解。在围绕大概念开展的学习中，一方面，随着知识的学习不断地加深对大概念的理解；另一方面，因为有大概念使得知识学习有了附着点而被赋予意义，所以掌握得更加牢固。在这样的学习中发展起来的大概念会成为知识的生长点，学生由此而发生的自主学习的内容远比教师教得要多，并且在他们的未来持续发生作用。[①]

（一）表现形式

历史学科大概念是历史学科知识的精华所在，是最有价值的、最能转化为素养的知识[②]，其表现形式主要有以下几种：

1. 概念

历史概念是人们对历史事物的概括和总结，是反映历史事物本质规律的思维形式，通常可以分为史实概念与史论概念。史实概念包括历史事件、历史人物、历史文献、历史典章制度与历史物品、遗迹等；史论概念包括历史哲学概念（时空、史料、史论等）、政治学概念（革命、国家、民族、国际关系等）、经济学概念（贸易、关税、生产力、技术等）、哲学概念（内因与外因、矛盾、必然性、量变与质变等）。有些历史概念具有综合性，是若干学科共同研究的对象，如"民族"这一概念，政治、历史、地理等学科都可以进行研究。

---

① 刘徽.深度学习：围绕大概念的教学［J］.上海教育，2018（6B）：57.
② 余文森.论学科核心素养形成的机制［J］.课程·教材·教法，2018（01）：5.

2. 争议性观点或结论

争议性话题指对同一历史事物的不同认识，如对历史人物的评价，对文明冲击两面性的认识等，可以是史实的质疑或者评价，或是史论的分歧，如对中西文化关系的认识、如何判断革命成功或者失败等。

3. 永恒性话题

永恒性话题一般指一生中会重复出现的问题，在不同阶段、不同情境中，人们对这类问题的反思和体会可能会有所变化，这种想法的变化不仅是预料中的也是有益的，如自由与平等、战争与和平等。

（二）提炼方法

确定历史学科的大概念时，应该关注以下几个方面：有高度概括性，对历史学科知识起到组织作用；提供解决复杂问题的分析框架；与学生的实际生活、社会与个人关注的问题相关联；可以被不同层次的学生进行学习和研究。具体而言，历史学科大概念的提炼有以下方法：

1. 以课程标准的专题为基础

在通史体例下，高中历史课程标准精选了 24 个专题，基本涵盖了中国、世界历史最重要的内容，而每个专题提炼了每个较长时段历史发展的主要特点，各个专题的名称则力求凸显历史发展阶段的重要特征。例如，"辽宋夏金多民族政权并立与元朝的统一""西方人文主义的发展与资本主义制度的确立"，据此，可进一步提炼单元的核心概念为"分立与统一""思想、革命与制度"。因为上述专题的主旨较好地反映了中国历史和世界历史发展的主线，所以把课程标准的专题作为基准进行再加工，即可形成核心概念。

2. 以历史本体论知识为导引

大概念居于学科的中心位置，体现学科结构和学科本质。而历史学的本体论就是关于历史现象（历史过程中出现的个人、群体、事件和过程）存在的本源和性质的观点或理论。经济、政治、思想，以至科学技术、文化教育和文学艺术等因素在历史发展演变过程中各自起着怎样的作用，它们之间有着怎样的相互关系，人们的经济关系、社会关系、政治关系、思想和文化交往关系，以及相应的制度、体制在历史上是怎样形成和演变的。这些都是史学本体论中的根本性问题。从根本性问题出发，再结合专题的内容，可以提供提炼核心概念的思路。例如，"改变世界面貌的工业革命"这一专题，唯物史观认为，生活决定意识，知识来源于生活实践，这决定了知识的增长和科学技术的发展是有规律的。正如恩格斯所说："社会一旦有技术上的需要，这种需要就会比十所大学更能把科学推向前进。"因此，这一专题的核心概念可以提炼为"社会、技术与文明"。

3. 以社会关注的问题为依托

历史认识的出发点和归宿都是现实生活，这是由历史认识产生和形成的规律决定的。人们认识过去和推测未来，都是以现在为立足点和启动点的。提炼大概念时，也应从学生的实际生活或社会与个人关注的问题出发。例如，随着人类的发展进步，一方面，各国各民族之间的相互联系越来越紧密，相互依赖度越来越高；另一方面，人类面临的挑战越来越具有全局性、综合性和长远性，没有哪一国能够独善其身，也没有哪一国可以一揽子解决。在这样的现实状况下，人类已经命运与共结成命运共同体，人类命运共同体是实然的事物。在历史教学中，可以把"人类命运共同体"作为一个大概念，用这个大概念去观察、探寻、发现历史发展的脉络、轨迹、本质，建立不同单元之间、不同课之间的联系。

4. 以历史知识的结构为框架

学科大概念具有很强的吸附力，能统摄大量的学科知识，能将离散或琐碎的知识技能实现有意义地黏连，将各种相关概念和理解联结为一个连贯的整体，所以可从历史知识的结构着手，建立知识间的结构图，在挖掘知识内在逻辑关系的基础上思考这一逻辑背后所隐藏的本质，从而确立大概念。以《中外历史纲要（下）》第八单元"20世纪下半叶世界的新变化"为例，本单元包含"冷战与国际格局的演变""资本主义国家的新变化""社会主义国家的发展与变化""世界殖民体系的瓦解与新兴国家的发展"四课内容，从冷战、两极对抗到一超多强、多极化趋势，各国间的力量消长变化，在一定时期内形成相对平衡的世界格局，由此在众多概念中，可以抽取"对抗与平衡"这一大概念。

第二节 以"问题链"串起"大概念"

把握教学内容中的关键问题是大概念落地的重要保障。围绕大概念设计大问题(关键问题),再将大问题分解为若干小问题,形成"问题链",在"问题链"的分析与思考中逐步发现隐含在学习内容中的思维与逻辑,最终理解大概念,在用"问题链"串起"大概念"的过程中理解学科本质。

一、大问题

大问题是指学科关键问题,它围绕并突出学科大概念,某种程度指向核心大概念,串联学科知识,是体现和落实大概念的基本载体。

大问题类似于威金斯提出的"基本问题",是"能够鼓励、启发甚至是要求学生超越特定的主题而帮助学生对所学知识达到更系统、更深入理解的可迁移的问题"。威金斯在《让教师学会提问——以基本问题打开学生的理解之门》[①]一书中提出了一个好的基本问题应该具备的七个特征:一是开放式的,也就是说这些问题不存在唯一的、最终的、正确的答案;二是发人深省和引人思考的,这些问题常常会引发探讨和辩论;三是需要高级思维的,如分析、推理、评价、预测等,仅仅通过记忆知识点无法有效回答这些问题;四是指向学科内(有时是跨学科的)重要的、可迁移的观点;五是能引发其他问题,并激发进一步的探究;六是需要证据和证明,而不仅仅是答案;七是随着时间的推移会反复出现,也就是说这些问题需要反复不断地被思考。

---

① (美)杰伊·麦克泰格,格兰特·威金斯.让教师学会提问——以基本问题打开学生的理解之门[M].北京:中国轻工业出版社,2015:214.

可见，大问题的"大"不是对小的、零散的知识视而不见，而是需要综合诸多知识才能解决，不是要解决某一个知识点或某一个具体的问题，而是聚焦大概念形成的更具开放性、整合性、反思性的元问题。大问题的"大"体现在三个方面。第一，大问题具有开放性，它不是事实性问题，不对细节提问，不追求标准答案。第二，大问题具有整合性，它是落实在学科知识基础之上的问题，着眼于学科核心素养的落实；它能促进知识的整合，打破专题之间、年代之间、中外之间的知识隔阂，以整体思考代替单点突破式的零散学习。第三，大问题具有生成性，通常不是一次就能解决的，会随着学习的不断深入而不断升华，在不断解决的过程中逐步实现自我教育与自我进化。大问题的开放性、整合性、生成性，是摆脱"跨单元或单元教学设计只是单课教学的拼凑""跨单元或单元问题只是单课问题的累积"的状态的关键，也是落实大概念的关键。

二、问题链

具有开放性、整合性、生成性的大问题，通常抽象而宽泛，需要逐层分解成内容覆盖面上由小到大、难易程度上由浅入深的若干相对独立而又相互关联的问题系统和问题序列，这个问题系统、问题序列我们称之为指向大问题解决的"问题链"。

问题链是聚焦大概念的，将教材中的重点、难点，按照知识间固有的内在联系转换成层次鲜明，具有独立性、梯度性、开放性及系统性的一连串教学问题。这些问题把要传授的知识有机地连接起来，做到既可以使知识内容更加完整，知识间的联系更加紧密，又可使学生在学习过程中的创造性思维品质得到发展。从形式上看，"问题链"是一问接一问，一环套一环；从内容上看，它是前因与后果、分解与整合、并列与转折的逻辑自洽；从目标上看，它是步步深入，由此及彼。它像一条锁链，把疑问和目标紧密相联，每一问都可使学生的思维得到一次飞跃（见图2-3）。从整体看，问题链至少具有两个显著而重要的特征：

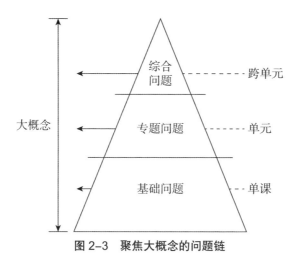

图2-3　聚焦大概念的问题链

第一，问题链具有目标性、整体性。问题链是指向大问题解决并为最终理解大概念而设计的一系列问题的集合，其中每一个问题都具有明确的目标指向性，都是为了达成特定的教学目标。因此，问题链中的问题之间有着相互关联、相辅相成的关系，每个问题之间都不是孤立存在的，而是一个互相联系的有机整体。在设计问题链时，需要聚焦大概念、围绕大问题，从整体的高度剖析问题与问题之间的联系，关注每个问题在课堂教学全局中的位置，不能随意替换单个问题，破坏内在的整体结构。

第二，问题链具有层次性、逻辑性。问题链不是简单意义上的问题堆砌，而是一问连着一问、一环扣着一环的问题序列。问题链设计时，需要着重考虑问题之间严密的逻辑思维关系，根据学生的认知水平，按照由浅层问题到深层问题，由简单问题到复杂问题的逻辑顺序进行设计。在课堂教学中使用问题链，学生跟随着问题链中问题的开展逐步进行深入的思考，从浅层问题出发，由简单问题的解决过渡到较难问题再到复杂问题，在问题的逐层递进提升中，促进学生思维由低阶向高阶转换发展。

问题链一般是将一个"大问题"分解成一个个小问题，逐步缩小问题作答的范围与区域，问题的难度一般也逐渐降低。有学者将跨单元问题链的问题分为基本问题、单元问题和内容问题三种类型，也有学者将问题分为核心问题、主要问题和辅助问题三种类型[①]。本书参照威金斯《追求理解的教学设计》一书中的相关论述,将聚焦大概念、指向大问题解决的问题链中的问题分为:综合问题、专题问题和基础问题以及拓展问题。综合问题,指基于跨单元的问题,一般是具有统领性的大问题;专题问题,指基于单元内容的问题,通常是探索一个综合问题的不同侧面,从而不断深入理解综合问题;基础问题,指基于单课内容的问题,呼应专题问题的问题,巩固知识和技能;拓展问题,指立足跨单元主题,针对当下现实提出的问题。设计问题链的要领在于问题成链,注重问题之间形成严密完整的逻辑链条,让学生感受到逻辑的魅力和真理的力量,培育和发展学生的思维。以大概念"革命和改革"为例,问题链的设计呈现如下表(见表2-1)。

表2-1 聚焦大概念"革命和改革"的问题链设计

综合问题		专题问题	基础问题	拓展问题
从实现民族复兴的角度,如何认识近现代中国革命与改革的历史地位及其内在关系	革命与改革的历史地位	1. 晚清时期中国挽救民族危亡的斗争方式呈现怎样的特点?为什么?	1. 晚清时期中国挽救民族危亡的斗争主要有哪些?结合具体历史事件说明这些方式的区别与联系。	"改革开放只有进行时,没有完成时,这是历史唯物主义态度"(习近平)——中国为什么要继续改革开放?
		2. 20世纪上半叶以来中国实现国家统一、民族独立的主要方式是什么?为什么?	2. "中国共产党领导中国人民经过28年艰苦卓绝的英勇斗争,终于推翻帝国主义、封建主义和官僚资本主义的反动统治,取得了新民主主义革命的伟大胜利,赢得了民族独立。"——为实现国家统一、民族独立,中国共产党在这28年中进行了哪些斗争?	
		3. 中华人民共和国建立以来谋求国家富强、民族复兴的主要方式是什么?为什么?	3. 社会主义改造与社会主义改革之间的关系是怎样的?	

[①] 陈燕彦. 问题链的类型划分和设计策略[J]. 现代教学,2012(10):62.

（续表）

综合问题		专题问题	基础问题	拓展问题
从实现民族复兴的角度，如何认识近现代中国革命与改革的历史地位及其内在关系	革命与改革的内在关系	4. 晚清时期挽救民族危亡的各种斗争之间具有怎样的关系？	4. 为什么说清末新政加速了辛亥革命的到来？	"改革开放只有进行时，没有完成时，这是历史唯物主义态度"（习近平）——中国为什么要继续改革开放？
		5. 新民主主义革命与社会主义革命之间的关系是怎样的？	5. 为什么把社会主义改造称之为社会主义革命？	
		6. 如何理解当下进行的改革开放是一场新的伟大革命？	6. 为什么要进行改革开放？	

三、真问题

在课堂上向学生提出的问题，不在于数量而在于质量。哪怕只有一两个真问题，也远远胜过一大堆假问题。真问题的"真"至少应该包括三层涵义：

（一）真实的情境

在杜威的"教学五步法"中，排在"真实的问题"之前的就是"真实的经验的情境"，足见真实情境的重要性。真实情境可以从情境材料和情境问题两个维度来把握。所谓情境材料，指的是知识在其中得以存在和应用的背景。所谓情境问题，则是指教师根据教学内容的需要将问题置于一定的情境材料之中呈现给学生，使学生面临某个迫切需要解决的问题。"真实的情境"在这里主要指的是情境材料，从情境材料来看，情境要源自生活实际，反映生活中的真人真事，表达真情实感。对于历史学科而言，情境材料通常是指能引领学生回到历史现场的图片以及一些细节故事，通过情境材料激发学生的学习兴趣与学习积极性，有利于提升学生的学习效率。教师在设计问题的时候，是否创设问题情境以及问题情境创设的好坏在很大程度上影响着学生对问题的理解，从而影响着问题实施的效果。教师创设有效的问题情境激活学生的思维，引导学生主动投入课堂的探讨中去，从而为思维的进一步发展奠定基础，因此问题情境的设计可以说是问题设计的核心。

历史学科知识具有既往性的特点，学生在课堂上所学习的历史知识和他们当下的生活相去甚远，有些时候只是用文字将历史知识表达出来对学生而言太过抽象，如果教师直接提出"鸦片战争的背景是什么""辛亥革命的历史意义是什么"，只是简单地把历史知识转化成问题提出来，那么这类问题就很难引起学生探究的欲望，反而会导致学生认为记住问题的答案就是完成了学习任务。因此，教师在进行问题设计的时候，应注意历史问题情境的创设，拉近学生和历史的距离，进而让学生在情境中获得经验，更乐意参与到问题解决的实践中去，使学生的思维可以活跃起来。

比如，《清朝前中期的鼎盛与危机》一课中的奏折制度，不仅对清朝君主专制的强化有重要的影响，也是这一节课的一个重点内容，如果教师在授课过程中只是简单地提出"奏折制度是什么""奏折制度形成的原因是什么""奏折制度在当时会产生什么样的影响"这样一系列的问题，是很难引起学生探究兴趣的，反而会让学生觉得索然无味，这样的问题不能称之为有效的问题。教师可以先借助奏折图片，将影视剧中的奏折和博物馆中的奏折进行对比，让学生对奏折本身有一个直观的感受，引起学生进一步探究的兴趣。再让学生阅读和分析部分奏折的内容，思考问题"通过奏折，皇帝可以知道些什么？"进一步延伸到皇帝可以通过奏折更直接广泛地获取信息。最后呈现奏折传递的示意图，提出问题"根据这一示意图，用自己的话描述奏折是如何传递到皇帝手中的？"学生通过对奏折传递的了解，可以认识到这一制度的机密性所在，在此基础上再让学生思考"奏折制度的出现对当时产生了什么影响？"这样通过图片和材料创设的问题情境，能使学生在一步步的探究中加深对奏折制度的认识，知道奏折制度不仅提高了决策效率，也是这一时期君权强化的表现之一，加深学生对君主专制强化的理解。

（二）适切的障碍

《普通高中历史课程标准（2017年版2020年修订）》中指出，经过高中阶段的历史课程学习，学生可以"形成历史学科核心素养，得到全面发展、个性发展和持续发展"。这一目标的达成有赖于学生的思维在探究问题的过程中得到发展。思维是人脑对客观事物本质属性与内在联系的反映。现代认知心理学认为，问题是促进学生思维发展的最好手段，它在教师的讲授和学生的思考之间建起了一座桥梁。依据心理学的观点，问题通常被定义为在给定状态与目标状态之间存在某些障碍，需要加以克服的任务情境。问题的给定状态与目标状态之间必定存在某些障碍，且个体只有调动高阶思维才能将其克服，只不过这种障碍具有一定的相对性，判断它是否客观存在并没有一个固定的标准，而是因时、因人而异。①

一方面，真问题需要有障碍，通过障碍调动学生思维。简单的史实性问题不是真正意义上的真问题，如秦朝是什么时候建立的？罗马帝国是什么时候分裂的？这些由基本史实转化出来的问题，可以从课本中直接找到答案，没有经过较高层次的思维过程，很难算是真问题。同样，简单的相似性问题也不能算是真问题，如在一节课中问"官渡之战的特点是什么"，第一次提问时算是真问题，但在学习到后面的赤壁之战时，若再提问"赤壁之战的特点是什么"，这一问题的思维含量大为降低，俨然成为一个假问题。对于这些问题，学生在课堂上会非常踊跃地回答问题，课堂表面上看起来非常热闹，但是这种热闹只是浮于表面，缺乏思维的深度，无法促进学生思维的发展。

另一方面，真问题的障碍要适切，符合学生的认知与思维发展水平。人的思维发展是有规律的，它的基本过程包括分析、综合、比较、抽象、概括、判断和推理，而分析与综合是最基本的过程，其他的过程都是由此派生的，只有在分析与综合的基础上才能进行更高层次的思维过程。问题太过简单不行，问题超越学生已有认知水平太过困难，大部分学生百思不得其解或者仅有少数优秀学生能够作答，同样也不行。所以，教师设计问题应该在考虑到思维发展过程的同时，也要考虑不同学生的认知基础。奥苏伯尔在《教育心理学：一种认知观》中提出："如果将教育心理学归结为一句话，那就是影响学习的唯一因素，就是学习者已经知道了什么。"②在课堂教学设计中，所有教学活动的组织都要建立在学生已有认知

---

① 诸芜泽.真探究呼唤真问题［N］.中国教育报，2019-04-03（9）.
② （美）奥苏伯尔.教育心理学：一种认知观［M］.余星南，宋钧译，北京：人民教育出版社，1994：扉页。

和能力水平之上。教师要关注学生已有知识经验，了解学生学习心理，准确把握学情，设计符合学生实际的真问题，问题既不能过难，也不应过易，应遵循"跳一跳，摘桃子"的原则，对于一些复杂的历史事物，可以按照"是什么""为什么"和"怎么办"这样的逻辑来设计，逐层递进，一步步地引导学生进行思考，既要引导学生的思维向纵深发展，又要推动学生思维的横向发展。

（三）必要的开放

开放在这里有三层意思：一是指问题的答案不是唯一的，一个问题允许有多个结论或者没有固定的结论；二是指解决问题的思路或者方法是多样的，甚至在现实生活中是可以迁移的；三是指这些问题能够引申、催生出"新问题"。

对应这三层含义，我们可以把具有开放性的真问题分为方法开放型、结论开放型、多元开放型等类型。方法开放型问题一般给出了条件和结论，而怎样依据条件去推断结论或判断结论是否成立的答题方法不作限制，以此鼓励学生多维度去探索解题途径，有利于锻炼和发展学生思维的灵活性。如"你认为该怎么学'向西方学习'这一专题"一问，能让学生通过多种方法的探讨，获得"学习要经历一个认知—运用—创新的循序渐进的过程"的道理。结论开放型问题给出了一定的条件，满足条件的答案有多个，主要涉及至今史学界有争论的结论。学生解答时要仔细分析、全面思考，得出多种答案，从而有利于锻炼和发展培养学生思维的广阔性。对一些确定的结论，为了便于学生理解，可用反问法调动学生去思考，给学生的思维训练创设一个广阔、自由的空间，发展不同层次学生的思维能力。如"如何评价辛亥革命""你对李鸿章怎么看"等，就属于结论开放型问题。多元开放型问题一般只给出一定的情境，要求学生自行寻找解题思路、条件、依据，形成结论，并与现实生活和未来展望相联系，提供一些经验教训。学生在解决这类问题时，需要综合运用已有的知识进行分析思考，有利于锻炼和发展思维的深刻性。如关于圆明园是否需要重建的问题，力主"重建圆明园昔日辉煌"的"修复派"与力主"让废墟成为民族耻辱历史教科书"的"保留派"各执己见、争论不休，一直未有定论，把这一议题介绍给学生，让学生参与讨论，可以开拓学生思维。

第三节 以"主题"链接不同"单元"

高中历史课程标准对统编教材的教学实施提出了"把握学习专题中的关键问题""确定教学内容中的重点""设计新的综合性的学习主题"[①] 的具体建议。"主题"的选择一般为学科教学的关键问题或是重难点问题，能统摄、贯通整个教学内容的核心论题或观点。主题式跨单元教学就是教师基于对学科本质与特点以及学科核心素养的深入理解，围绕"大概念"选择一个或多个能够整合跨单元内容的论题或观点为"主题"而展开的教学。

一、设计依据

高中历史课程标准明确提出"重视以学科大概念为核心，使课程内容结构化，以主题为引领，使课程内容情境化，促进学科核心素养的落实。"[②] 围绕"大概念"而选择主题的教学设计不是简单的拼盘，而是基于学科核心概念以及学情在唯物史观指引下，将历史概念和历史现象有机融合，按照一定的历史发展逻辑建构概念与现象的因果关系，体现历史发展的规律。

高中历史统编教材课程容量大，专有名词偏多，如果教师事无巨细地将教材所有知识点都一一落实，学生所能获得的核心知识或概念就会淡化，甚至碎片化，有可能形成不了完整且有逻辑的知识框架。以"大概念—多主题"为教学设计理念，突破了原有单元与下属单课的固有知识点的限制，通过围绕主题的知识点调动与迁移，不仅示范学生如何驾驭知识储备及知识结构，

[①] 中华人民共和国教育部.普通高中历史课程标准（2017年版2020年修订）[M].北京：人民教育出版社，2020：47-48.

[②] 中华人民共和国教育部.普通高中历史课程标准（2017年版2020年修订）[M].北京：人民教育出版社，2020：4.

也凸显教师在教学设计上的灵活性和覆盖广度、阐释深度。不仅缓解了课时紧张与教材容量偏大的矛盾，在一定程度上有效地调动了学生学习的积极性与主动性。

经过多年的课堂教学实践，教师对于如何立足于多主题或者大主题进行跨单元教学设计有了一定的思考和实践。其中，跨单元教学设计的思路、原则、过程、策略等要素都一定程度影响到教学实践成果。

二、设计思路

（一）"望远镜"式的教学设计

在把握大概念的基础上，以课程内容为基础，形成链接课与课、单元与单元的跨单元主题的选择，这是一种基于知识本质的提炼，对照学科素养，分解课程知识，指向大概念加以升华的一种自上而下的凝练途径[①]，即美国学者卡拉·马歇尔和雷切尔·弗伦奇教授所提及的"望远镜"的视角。

（二）"放大镜"式的教学设计

基于对课程内容的理解，实现从部分到整体的观察视角，对焦大概念而构建起来的设计思路，相对于自上而下这是一种逆向设计思路，从微观视角来窥视大概念的方式，即美国学者卡拉·马歇尔和雷切尔·弗伦奇教授所提及的"放大镜"的视角。

无论是"望远镜"式还是"放大镜"式的教学设计思路，其所构成的跨单元教学设计都是以"主题"来链接不同"单元"，单元之间可以是并列或递进的关系，主题一定聚焦一个大概念，并能够通过大概念来建立历史与现实的联系。

---

① 孙杰.大概念引领下的整体教学——立德树人背景下普通高中育人方式改革的可能路径 [J].中小学德育，2019（10）：23.

三、设计原则

（一）立足实际学情

教学过程中教师起着脚手架的引导作用，而学生是课堂内外的主体。重组教学内容是为了提升知识学习的有效性，帮助学生面对历史或者现实问题，能运用所学知识和技能去解决历史或现实问题，甚至找到解决未来问题的思路或者策略，让学生学以致用。历史学科是一门实用性的学问，对于我们认识现实生活中的人和事有着重要作用和意义，因此教学设计时能结合当前的社会热点，尽可能使学生学有兴趣、学有抓手。

（二）凸显学科素养

历史课程以培养和提高学生的历史学科核心素养为目标，使学生通过历史课程的学习逐渐形成具有历史学科特征的正确价值观念、必备品格和关键能力。[1] 基于此的教学设计必须能体现唯物史观、时空观念、史料实证、历史解释和家国情怀五大核心素养。五大核心素养相辅相成，相得益彰，涵养五大核心素养，帮助学生多角度、宽视野、辩证性地认识历史或现实问题，进而能运用所学创造性地解决问题，这是核心素养之于全人培养的重要意义和价值。而跨单元教学正是落实核心素养培养的有效实践，体现全人培养理念的落脚点。

（三）符合学科逻辑

跨单元教学不是对知识的简单拼凑，而是基于学科特色和逻辑，以一个学科大概念为统领将若干教材内容重组为一个有机整体的教学。历史学科的跨单元设计，不仅要关注大概念的内涵、理解与迁移，也要关注大概念阐释过程的史学思想和方法，教学设计也需要注重设计的逻辑，在学科特有逻辑思维下去培养学生的学科能力。历史学科关注集证辨据、阐释评价的历史思维能力，因此在跨单元设计中，要帮助学生以"史学家的眼光"审看历史上的人和事。使

---

[1] 徐蓝，朱汉国.普通高中历史课程标准（2017年版）解读［M］.北京：人民教育出版社，2017：47.

学生树立讲证据、重逻辑、见理性的史学基本观念，培养对历史的"通感"意识，不苛求古人，不牵强附会，形成自己对历史事件的正确认识。

四、设计步骤

主题式跨单元教学设计的具体步骤为选择大概念、筛选大主题、确定单元群、形成问题链、探究真问题、设计评价方案。虽然是以线性排列陈述，但实际上是一个循环的过程，在设计过程中需要教师不断的回溯和完善。（见图 2-4）

图 2-4　主题式跨单元教学设计步骤

1. 选择大概念

教学设计时，首先通过大概念将学科内外知识有效整合起来，形成结构化、网络化的知识图谱。大概念的"大"不是指"庞大"，而是"核心"，是指课程学习中心位置的观念、理论或原则等。大概念并不是纯理论的学术理论，而是引领学生围绕学科核心知识开展探究，沟通历史与现实，形成对学科核心知识的深度理解与价值认同的概念。

围绕大概念构建的知识体系要深入每个单元内部，合理划分学科知识层次。在知识迁移、内容整合的同时，要兼顾对史学概念或史学方法的深入理解，在学生面对现实问题时，能激活已学的史学概念或史学方法，用以分析和解决现实问题。

2. 筛选多主题

聚焦大概念，基于课程标准、教学内容和具体学情等都是主题选取的依据与准则，立足历史学科，兼顾联系真实世界和跨学科视野也是主题选取的综合考量。在主题的引领下，学生面对新的问题情境重建知识体系，进一步强化知识迁移能力、史学思想方法和历史学习方式。比如，围绕大概念"人类命运共同体"，从纵向联系的视角，将历史发展中前后关联的内容加以梳理，可把分散于不同单元的内容整合形成多个学习主题。"亚非拉国家的现代抉择"就是其中一个学习主题，该主题内容贯穿于《中外历史纲要（下）》第三单元、第六单元、第七单元、第八单元和第九单元，聚焦1500年以来亚非拉地区国家的发展命运，可引发学生对现实世界中发展中国家所面临的挑战与机遇的深层思考；从横向联系的视角，也可以将同一历史时期的中外史事加以整合，引导学生以更广阔的视野来认识历史。若将《中外历史纲要（上）》第四单元、《中外历史纲要（下）》第三单元相联系，能够更全面地认识当时中国与世界的互相影响，以及晚清时期中国盛世与危机并存的局面，深刻体会正确把握世界发展大势的重要性。

基于课标、教材，围绕大概念来选取主题，可以充分发掘教材的"学本"功能，使其成为学生解决问题的文本资源之一，让学生从不同的学习视角来理解教学内容的逻辑层次。

3. 确定单元群

围绕主题将与之相关联、散布于不同单元的教学内容进行集结，这是确定单元群的过程。依据主题类型的不同，确定单元群的内部关系可以是递进的，也可以是并行的。例如，"亚非拉国家的现代抉择"学习主题直接关联《中外历史纲要（下）》五个单元六课内容，时间跨度上从新航路开辟以来直至现今，从主题学习的角度而言是递进关系的单元群。又如，"与历史对话中认识过去"的学习主题内容涉及《中外历史纲要（上）》第一单元、第三单元和第四单元，教师利用三个单元中的典型历史事件为教学素材，设计了"什么是历史""如何辨别史料的信度和认识史料效度""历史认知是如何形成的"等问题，让学生在"学习—模仿—实践"的过程中学会分析、解决问题的方法，从主题学习的角度而言是并行关系的单元群。

4. 设计问题链

选取的主题好比是"点"，而问题链就是"线"，可以让聚焦主题而集结起来的单元群成为一个有机整体。依据学习目标、具体内容和学生能力而形成的问题链，它的作用不仅仅是串起内容的"线"，而且是构建起以问题解决、深度参与和思考交流为特征的学习方式，引领学生在问题解决的过程中重构知识体系，给学生提供逐级攀登思维广度、深度的学习阶梯。例如，在主题式跨单元教学设计中的问题链包含了统领跨单元内容的综合问题，基于单元视角助力理解综合问题的专题问题，呼应专题问题而具体理解单课内容的基础问题，还有与现实世界联系形成延伸的拓展问题。

问题链是围绕主题链接不同单元的生动关联，能让学生更好地了解知识的关联性，强化学生的迁移能力，学会运用学科知识、思维方法等来解决问题，实现学以致用的学习过程。

5. 探究真问题

真问题是指立足于课程标准与教材、学情之上的具有情景性、探究性、启发性的历史或现实问题。真问题蕴含的基本要义有两个。第一个是基于真实的历史情境。在历史教学中，通过各种类型的史料创设历史情境，并在问题探究中力求接近客观存在的真实历史。在历史教学中，与现实或未来联接的问题情境，可引发学生在问题探究中思考当下与预判未来。第二个是基于真实的学习障碍。在历史学习中，学生因难因惑而产生的问题，以及需要学生运用复杂思维、方法来解决的问题都属于真问题。

真问题在主题式跨单元教学中具有"导学""导思"的作用，可以是来源于学生历史学习中的重难点、困惑点，在问题解决中具有跨学科特征的综合性问题；也可以是需要以历史溯源的视野进行联系、比较与分析的社会热点、人类（地区）发展的焦点问题等。

6. 制订评价方案

高中历史课程标准指出要综合发挥评价的检测、诊断、激励、引导等多方面功能，以学生历史学科核心素养的整体发展为着眼点。因而，制订评价方案的目的不仅是为了检测学生学习目标的达成度，还要发掘评价的激励、促学作用。例如，主题式跨单元教学往往是一个持续性的教学活动，整个教学过程中教师有充分了解教学基础、有效把握教学进程、准确预期教学结果等需求，能及时反馈教师的教与学生的学，明确哪些是正确的，哪些需要改进，才能保证教学活动的顺利开展。因此，评价方案是主题式跨单元教学设计的重要组成部分，包括对评价对象、评价内容、评价指标、评价实施等全面的规划，它的作用不再是简单的教学效果评估，也体现了对教学活动的导向作用、对教学活动的改进作用，以及对教与学的促进作用。

五、设计策略

1. 基于单元主旨

内容主旨是对课程核心内容的下位分解，有效的历史教学是对内容主旨的深刻把握。"课标是源的要求"，尽管课程标准已经对课程内容有了明确的规定，但这是基本要求，实际教学中还要"源中见高，源中求高"。

首要是抓住课程的核心观念，"课程内容主旨""单元内容主旨""单课内容主旨"要有一致性。把握单元内容主旨包括四个基本途径：第一，对于跨单元教学要抓住核心内容或观点，这样就能把握统摄跨单元的内容主旨，构建起课与课之间的内在逻辑关系；第二，破单元标题是一个重要途径，文本研究是抓住核心概念的重要方法，所以认真研读教材内容和理解单元标题是跨单元教学设计的一个必备过程；第三，通思想方法，历史教学除了传授基本史实之外，还需要向学生传递学习史学的思维方法，包括学生判断力的培养，这是历史教学的归旨；第四，究新颖表述，所谓"新"则是新课程新教材背景下对历史内容和史学方法的综合把握。[①]

基于单元主旨的教学是由大概念而自上往下的教学设计思路，在具体实践中，可以先确定跨单元内容主旨，再结合相关课程内容对单元内容主旨进行论述与阐释。单元与单元，课与课之间也采用类似的方法进行阐述与演绎，最终

---

① 於以传. 中学历史单元教学关键环节例说［M］. 上海：华东师范大学出版社，2019：16-31.

形成"点—线—面"相结合的跨单元教学设计。

2. 基于史学思想方法

研究历史的载体是史料，史料是历史的组织细胞，是认识历史的基础。形成对于历史的认识，需要将搜集到的史料按照一定的逻辑方法进行研究，史学思想方法就是认识历史和研究历史的方法，抓住史学思想方法也就抓住了历史内容和历史观培养的载体。因此，以史学思想方法的培养作为跨单元的主题，也是我们可以尝试和挖掘的一个方面。

培养学生的史学方法主要集中在两方面。第一方面是集证辨据的能力，侧重于史料价值信度与效度的判断，包含懂得史料的分类，获取史料的途径，区分史料的表述与评价，判断史料的价值，获取史料证史途径等内容。集证辨据的能力侧重于判断力培养过程中史实的判断。第二方面是诠释评价的能力，侧重于价值的判断，主要内容也集中于对人、事、文明成果的评价，质疑他人的结论等。①

在思想文化史的教学中，可以采用基于史学思想方法的教学设计。利用神话传说可以研究中华文明起源的社会发展风貌，利用壁画、雕塑可以呈现三国魏晋时期民族交融的景象，利用宋词元曲可以品味宋元时期多元文化的碰撞，利用小说、戏曲可以解读明清时期处于社会转型阶段的文化密码。以上海复旦附中李峻老师的一节公开课《灿烂的文学艺术·唐》为例，教师从文学艺术的定义切入，研究文学艺术的外沿和内涵，引导学生认识文学艺术是重要的证史材料，文学艺术的繁荣从一个侧面反映了隋唐社会经济的繁荣。教师还借助唐诗从微观的视角入手，带领学生初步体验诗歌证史的方法路径，即由表层信息到深层信息逐步挖掘认识唐诗中所透露出的历史信息。基于史学思想方法的教学设计紧扣当时的社会风尚、所处的时代风貌、作者的主观意图等，由此逐步扩展到整个研究方法。本节课的课后思考题要求学生进一步体验如何从绘画和书法中获取历史信息，教师的设计意图是指导学生将课中习得的历史研究方法迁移到新的学习问题之中。

---

① 於以传.史学思想方法的主要内容和实施路径培养［J］.历史教学，2016（13）：40.

习得史学思想方法的起点是教师的示范引导，终点是学生的模仿迁移。在这个过程中，学生像侦探家那般通过层层推理，逐层拨出历史真相。上海市教委历史教研员於以传老师认为，落实史学思想方法可分为四步走。第一步是分解目标，基于课程标准和教材内容，将大目标转化成小目标，然后是针对一个小目标进行横向的强化，或是进行纵向的分解。第二步是穷尽载体，寻找最适宜学生学习的载体，可以是歌曲、诗歌、小说等等。比如单幅漫画要证明某一历史事件肯定是站不住脚的，毕竟漫画带有作者的主观色彩，但如果有多幅、多个来源、多个角度的作品证明同一个历史事件是否可以？答案是肯定的，多重互证，符合证史的基本逻辑。第三步是呼应主旨。课程内容主旨是第一位的，寻找史料的目的是落实内容主旨，史料是为目标服务的，是它的载体。第四步是细化方式。教师需要设计具体的方法来落实集证辨据，并诠释历史评价。

3. 基于历史人物

历史学习要遵循"叙史见人、论史求通、学史重法"三大原则。叙述是历史讲授的基本方法，人物是历史叙述的重要活动者，"叙史见人"能够凸显历史细节对历史学习的重要价值。历史离不开细节，没有细节的历史只是单纯的说教，显然毫无生机，人们对于历史的认识本身就是基于无数个历史史实性细节逐渐建立起来的。

许倬云老师曾说"历史的叙述，只能是旁观者的观察，从许多线索中寻找因与缘：'因'是直接的演变，'缘'是不断牵扯的因素，无数的因缘于是凑成无数可能之中的'果'"[1]，因此要展现宏观的历史，必须挖掘历史的细节，研究历史的细节就不能无视细节中的人和事。对于这些人和事也必须基于特定的历史条件下，带着同情之理解的态度来加以认识。历史发展中既有单个历史人物对于历史发展的重要影响，比如秦皇、汉武，也有历史群像合力的推动，比如新文化运动中的陈独秀、李大钊等干将。

关于世界近代资产阶级革命就可以人物为中心进行教学设计，将人物的生平事迹作为基本的线索贯穿始终。比如姚虹老师以俾斯麦的生平为线索讲

---

[1] 许倬云. 历史大脉络[M]. 桂林：广西师范大学出版社，2009：序.

述《德国的统一》,俾斯麦的铁血政策和他的家庭出身以及早年的求学经历都有密切的关系。也可以从时局变迁与人物身份变化的双重视角来研究历史事件,比如鲍丽倩老师在《中学历史学科育人实践研究》中提到以林肯为中心设计的《美国南北战争》,提供了林肯关于黑人奴隶制在不同时期的不同声音,分别为"初涉政坛的声音",坚定地反对奴隶制;"胜利的失败者的声音",维护国家统一反对奴隶制;"中央舞台的声音",为拯救联邦有限度地保存黑人奴隶制;"挽救、重建的声音",废除奴隶制重建新联邦;"为国疗伤的声音",坚持自由、平等,充满人文关怀。将历史人物置于具体的历史情境中,展现了林肯对黑人奴隶制的所思、所想、所为,进而在历史抉择中理解历史发展的逻辑。[①]类似这样的教学设计还有以拿破仑为中心研究法国大革命,以克伦威尔为中心研究英国资产阶级革命。

以人物为中心的教学设计也会存在问题,那就是人物存在的时间相对较短,也就几十年的时间,对于时间跨度比较大、历史线索比较复杂的内容就不太适用。此时教师也可以借助历史群像的刻画展开教学设计,比如有老师在讲授《北洋军阀统治时期的政治、经济与文化》一课时,选取了袁世凯、陈独秀、张謇等多个历史人物展现这个时期纷繁复杂的变化。当然,对于历史资料有限找不到一个确切的人物串联时,也可以采用虚拟人物的方式,比如夏辉辉老师在讲授雅典民主政治的时候就设计了帕帕迪这个虚拟的雅典民众,以他的视角来观察、讲述整个雅典民主政治带给民众的感受。鲜活的历史人物,感人的历史情节,无不彰显着历史的魅力。

4. 基于学科核心素养

（1）时空观念

时空观念是五大核心素养中学科本质的体现,包括时序观念和空间观念两大方面,是认识和了解历史事件的起点。"所谓时序观念,就是将历史事物放在历史发展的长河中进行考察,辨明它在每一个发展阶段有什么新特点,寻找前一过程转变为后一过程的原因。""所谓空间概念,就是了解历史所发生的地点、

---

① 於以传.中学历史单元教学关键环节例说［M］.上海:华东师范大学出版社,2019:56.

区域、范围等。"①

以中国古代政治制度的演变为核心，每一历史阶段政治制度的演变都会呈现不同的发展特征。尤其是宋元时期，多民族政权的长期并立、相互战争、经济文化交往，塑造了中华民族独特的品格。李惠军老师在讲授第10课《辽宋金元的统治》时，从少数民族政权存续时间的考察入手，又引入"胡焕庸线"，从空间视角感受地区文明程度与政权存在时间的关系。教师对这一时期统治特点的总结是："无论是胡汉分治的辽国，抑或由汉返胡的西夏，还是逐渐汉化的金国，都是在它们各自统治区域内自然而然形成胡人汉化和汉人胡化。"元朝的统治就是建立在辽夏金兼容并蓄的统治基础之上，所创立的行省制度是在宋朝"路"的基础上的创新发展，从而形成"腹里核心—中原汉地—边疆番地"辐射型的发展历程。

又如主题式跨单元教学设计"亚非拉国家的现代抉择"，从新航路的开辟开始探究亚非拉地区"被殖民—求解放—谋发展"的发展历程。新航路的开辟是亚非拉国家受到殖民侵略的起点。全球航路开辟后的亚非拉三洲发展情况各不相同，所受到的侵略影响程度也各异。世界殖民体系经过"初步形成—正式形成—受到冲击—走向崩溃"的发展过程，对这个过程的梳理可以结合时空观念来进行，帮助学生迅速掌握历史发展的纵向脉络；同时从"15至16世纪早期的殖民扩张—17至19世纪下半期殖民活动的全球扩张—20世纪上半叶世界殖民体系受到冲击—20世纪50年代出现世界殖民体系的崩溃"，选取不同历史时段横向比较了亚洲、非洲、拉丁美洲的发展情况和受侵略形成影响的不同，探究对现今亚非拉丁美洲社会发展产生的不同影响。整个教学设计既有纵向的发展，也有横向的比较，通过纲要性的图示方式呈现了这一历史进程的全貌。

一切人类活动都是在一定的时空范围内发生的基于时空观念的教学设计，要构建起历史发展的横向与纵向的时空体系，将历史事件定位于一定的时空体系之内，便于我们从历史发展变化的角度，认识历史和评价历史。按照历史发

---

① 徐蓝，朱汉．普通高中历史课程标准（2017年版）解读［M］．北京：人民教育出版社，2017：57.

展的事件顺序和空间位置，建构历史上的人和事的相互关联，从而更好地理解历史的变迁和社会的发展。

（2）家国情怀

"家国情怀是学习和探究历史人文追求，体现了对国家富强、人民幸福的情感，以及对国家的高度认同感、归属感、责任感和使命感。"[①] 家国情怀是知识能力和方法的综合表现，在五大核心素养中居于核心地位，是教育的最终归宿。历史教育的目的是引领学生树立正确的价值观，学会欣赏真善美，远离假恶丑。

以家国情怀为引领的教学设计，始于情感态度价值观，最终归于情感态度价值观，如何实现"以情动人""以理服人"是关键。一是以真实历史情境、典型历史事件为抓手，让学生能有当时当景、身处其境的学习感受。比如在围绕中日关系的主题学习中，关于抗日战争的教学内容，教师可以引用两则生动的历史事件：一则是百团大战期间，聂荣臻司令解救两个在战火中失去父母的日本女孩并且将其送回家。40 年后，当年被解救的小女孩美惠子回到中国感谢救命恩人；第二则是武汉会战中陈怀民烈士与敌机同归于尽，他的妹妹怀着悲痛的心情在与坠亡日军飞行员高桥宪一的妻子通信时，对日军的侵略行径进行了控诉，正是日本帝国主义的错误决定导致了中日两国人民的巨大伤亡。通过这两则事例可以让学生感受到战争中的"人性"与"残酷"，引导学生深刻理解战争给侵略国家和被侵略国家所带来的影响。二是让学生树立大历史观，博古通今，能汲取历史的智慧解决现实的问题。比如，围绕"石油开发对人类发展的影响"的主题学习，教师以阅读教学的方法，选用《梦溪笔谈》《石油大博弈》等文本片段，引导学生辩证地认识石油的开发利用对于人类发展的复杂影响，包括对自然资源开发、人类社会发展和国际能源纷争等错综复杂的现实问题进行思考与探讨。

---

① 中华人民共和国教育部.普通高中课程方案（2017 年版 2020 年修订）[M].北京：人民教育出版社，2020：5.

▶ 第三章

培养历史学科判断力的实践路径

第一节　实践主题式跨单元教学活动

无论是"大概念→主题→跨单元→单课"的教学设计思路，还是由单课内容自下而上追溯相匹配的大概念的教学设计思路，围绕核心内容展开教学的过程中始终要关注学生历史思维能力的培养和史学思想方法的落实，指向历史学科核心素养的养成。

一、"大概念"引领下的主题框架设计

（一）指向大概念"人类命运共同体"的主题框架

高中历史统编教材提供了一份围绕大概念"人类命运共同体"而设计的活动课案例，这个案例也为主题式跨单元教学设计作了重要提示。（见表3-1）

表3-1　大概念"人类命运共同体"主题框架（节选）

大概念	主题	单元群	真问题
人类命运共同体	文明的交流互鉴	《中外历史纲要（上）》第五单元；《中外历史纲要（下）》第三、四、五、六单元	全球化下文明的多样性会消失吗
	亚非拉国家的现代抉择	《中外历史纲要（下）》第三、六、七、八、九单元	过去的历史会怎样影响人们现在或未来的选择
	让科技造福而不是毁灭人类	《中外历史纲要（上）》第三单元；《中外历史纲要（下）》第三、五、六、八单元	人工智能会不会埋没人类的未来
	战争与和平	《中外历史纲要（下）》第七、八、九单元	当代世界如何维护和平、发展、合作、共赢的时代潮流
	新民主主义革命胜利的经验教训及其反思	《中外历史纲要（上）》第七、八、九单元	中国道路从哪里来、向哪里去
	民族复兴视角下的革命与改革	《中外历史纲要（上）》第五、六、七、八、九、十单元	中国为什么要继续改革开放

新航路开辟使世界各地建立起广泛的直接联系，世界逐步从分散走向整体。随着世界各国联系的日益密切，越来越成为"你中有我，我中有你"的命运共同体。进入 21 世纪以来，世界正处于大发展大变革大调整时期，世界各国依存关系日益加深，所要共同面对的诸如粮食危机、气候变化、疾病流行、资源短缺等严峻挑战也是层出不穷。"人类命运共同体"是直面全球的重大议题、回应全球治理危机而贡献的中国方案，也是关注全人类历史命运而贡献的中国智慧。

指向大概念"人类命运共同体"，可以从"全球联系的建立""工业革命""亚非拉国家的发展""国际秩序的演变""战争与和平"等视角来确定主题重构教学序列，引导学生理解、思考推动构建人类命运共同体的历史与时代背景；也可以从"新民主主义革命""社会主义建设道路的探索""中国特色社会主义"等视角来确定主题设计学习单元，引导学生探寻中华民族伟大复兴的历史进程，中华民族为追求美好生活的不懈努力、共同奋斗，理解构建人类命运共同体与实现中国梦的关系。面对世界的复杂形势与严峻挑战，人类命运与共，唯有共同合作才能实现共同发展。

（二）指向大概念"家国情怀"的主题框架

通过历史课程的学习，学生不仅能掌握学习历史的能力、方法，还能以历史的视角、人文的情怀关注现实世界，心系国家之命运、世界之发展，这是历史学科的本质要求。历史学科核心素养包括唯物史观、时空观念、史料实证、历史解释、家国情怀五个方面，它们是一个整体，集中体现了历史学科的育人价值，也是学生在历史学习中应达到的要求。其中"家国情怀"就是历史学科育人价值的重要体现，也是诸素养中价值追求的目标。高中历史课程标准指出家国情怀是个人对国家的高度认同感、归属感、责任感和使命感，能将为国家之强盛、民族之自强而奋斗为己任；是个人在世界联系日益紧密的当下，理解世界历史发展的多样性，学会尊重各国、各民族的文化传统，具有广阔的国际视野和正确的文化观。

《中外历史纲要》从多个角度为聚焦大概念"家国情怀"的主题式跨单元教学设计提供了思路（见表 3-2）。例如，《中外历史纲要（上）》中华民族多元一体的发展史、自强不息的奋斗史为家国情怀的培育提供了丰富素材：古代中国的家国情怀往往体现在个人对家庭、国家的认同，如同《孟子》所言"天下之本在国，国之本在家，家之本在身"。《礼记·大学》所载"正心、修身、齐家、治国、平天下"。可见家国情怀本身就是中华优秀传统文化的基本内涵之一。近代中国可谓命运多舛，但坚强的中国人民以不懈的斗争展现了中华民族的团结统一，一代又一代的仁人志士前赴后继地探索着救国救民的道路，以爱国主义为核心的民族精神丰富了家国情怀的历史内涵。当代中国在人类又一次面对十字路口选择时，汲取历史的经验与智慧，阔步迈向新时代，并为"建设一个什么样的世界、如何建设这个世界"提供了中国方案——人类命运共同体理念，为建设一个普遍安全、共同繁荣、开放包容的世界贡献了中国智慧，展现了当代中国的国际视野与大国担当，为家国情怀赋予了新的时代内涵。

表 3-2　大概念"家国情怀"的主题框架（节选）

大概念	主题	单元群	真问题
家国情怀	中华优秀传统文化的传承	《中外历史纲要（上）》第一、二、三、四单元	如何认识中华优秀传统文化的世界意义
	民族复兴视角下近代中国政治思潮的演变	《中外历史纲要（上）》第五、六、七、八单元	当代中国政治思潮演变的当代启示是什么
	民族觉醒推动民族复兴	《中外历史纲要（上）》第五、六、七、八单元	中华民族精神是如何推动近代中国走向民族复兴之路的
	近代上海的开放与发展	《中外历史纲要（上）》第五、六、七、八单元	为何上海是近代中国社会变迁的缩影
	从古代"丝绸之路"到当代"一带一路"	《中外历史纲要（上）》第一、二、三、四、十单元《中外历史纲要（下）》第三、九单元	为何要坚持对外开放
	全球化背景下的中国方案	《中外历史纲要（上）》第七、八、九、十单元《中外历史纲要（下）》第九单元	中国方案是如何汲取历史之智慧的

（三）指向大概念"中华优秀传统文化"的主题框架

中华文化既是中华文明源远流长的历史滋养，也是中华文明延续几千年而从未间断的历史见证。中华文化历时悠久的发展历程，使之有着本土性、多样性、吸纳性、凝聚性、连续性等独特的特点①，加强对中华优秀传统文化的价值认识，不仅对中国当代及未来的发展有着重要意义，而且为世界发展提供了中国智慧。

围绕"中华优秀传统文化"选取《中外历史纲要》上、下册的相关内容，可从多个角度构建起主题框架。例如，从文化的继承性形成"中华优秀传统文化在历时性中发展创新"的主题视角，文化是随着社会的发展而演变，有作为精髓而存留的，有因条件变化而淘汰的，也有适应发展而创新的，古代中国的思想文化、诗歌、绘画、书法等跨越朝代的发展可加深我们对这一认识的理解。从文化的差异性形成"中华优秀传统文化在共时性中交流互鉴"的主题视角，不同地域条件会在同一时期孕育出不同特质的文化，这使得异域文化在共时性交流中产生了互补互鉴的结果。（见表3-3）

表3-3　大概念"中华优秀传统文化"的主题框架（节选）

主题	单元群	跨单元的内容主旨	跨单元的教学目标
中华优秀传统文化在历时性中发展创新	《中外历史纲要（上）》，第一单元第2课《诸侯纷争与变法运动》、第4课《西汉与东汉——统一多民族封建国家的巩固》；第二单元第8课《三国至隋唐的文化》；第三单元第12课《辽宋夏金元的文化》；第四单元第15课《明至清中叶的经济与文化》	在漫长的历史进程中，伴随着政治、经济、社会的发展变迁，中华民族在传承发展、交流互鉴中创造了独树一帜的灿烂文化。每次文化新高峰既是时代特征的体现，也是社会存在决定社会意识的结果。众多文化成果体现了中国优秀文化的多元丰富、包容创新的特点。中华优秀传统文化为其他国家和民族提供了有益启示，具有历史意义和现实影响。	初步了解中华优秀传统文化的主要成果及其内涵特点；从时代特征、创新意义及传播交流的视角，解释和评价优秀传统文化成果；从社会存在决定社会意识的视角，分析、判断中华优秀传统文化传承、发展、创新的深层渊源；认同中华优秀传统文化，增强民族文化的自信，涵养家国情怀。
中华优秀传统文化在共时性中交流互鉴	《中外历史纲要（下）》，第一单元第2课《古代世界的帝国与文明的交流》；第二单元第4课《中古时期的亚洲》；第九单元第22课《世界多极化与经济全球化》		

---

① 徐蓝，朱汉国.普通高中历史课程标准（2017年版）解读［M］.北京：高等教育出版社，2018：149.

二、围绕"大概念"的主题式跨单元教学活动

（一）主题式跨单元教学设计："亚非拉国家的现代抉择"①

1. 聚焦内容整体规划

"亚非拉国家的现代抉择"是以《中外历史纲要（下）》中"世界殖民体系"与"亚非拉国家"的关系为线索展开的主题式跨单元教学设计。自新航路开辟以来，不仅建立了全球联系，西欧国家也开启了在全球范围的殖民与角逐。"侵略与反侵略、屈辱与抗争"贯穿于近现代亚非拉国家的发展史及整个世界殖民体系建立、扩展与瓦解的历史进程之中。在时段上从新航路开辟以来直至现今世界，在内容上涵盖全球联系建立后亚非拉地区的整个发展历程，这是一个长时段的历史学习主题，历史发展脉络清晰，所聚焦的问题现在仍为进行时，是历史情境与现实意义兼具的学习主题。（见图3-1）

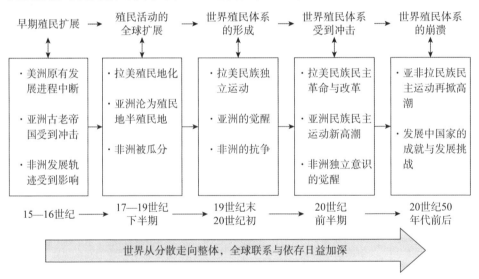

图3-1 "亚非拉国家的现代抉择"主题内容框架

新航路开辟使各区域文明初步摆脱分散孤立发展的局面，世界初步连接为一个整体。在此过程中，西欧国家在政治、经济和军事强势基础上逐步建立起了殖民体系，亚非拉地区则相继沦为殖民地半殖民地。19世纪末20世纪初，列

---

① 本案例由上海市第二中学张曦琛老师提供。

强几乎控制了世界上绝大部分地区和人口，资本主义世界殖民体系基本确立。进入 20 世纪后，两次世界大战的爆发、俄国十月革命和社会主义实践，以及亚非拉民族民主运动的发展等影响着世界局势的演变，世界殖民体系逐渐走向崩溃。后殖民时代的亚非拉新兴国家面临着新的发展挑战与机遇，他们又该如何应对与选择自己的发展之路。本主题式跨单元教学设计意图引导学生理解不同时空条件下历史的延续、变迁与发展，同一时空条件下历史发展的多样性，及不同历史事物之间的相互影响与作用，在学习过程中体悟唯物史观的科学性。

新航路开辟后，世界已逐渐发展为密不可分的共同体，现今任何国家和民族都无法游离其外，也无法独自应对当今世界的重大发展问题，亚非拉地区占据着世界大部分土地与人口，他们的道路选择不仅关乎自身的未来发展，更关乎世界的未来发展，这是由学习历史问题而阐发对现实问题的深思，此主题学习有着重要的现实意义。本主题式跨单元教学设计力图引导学生从全球视角来关注亚非拉国家的发展问题，以历史问题的纵向发展与横向联系作为问题分析的方法指引，在不同的历史时空、情境中对历史问题进行辨析、提出解释和归纳观点。（见表 3–4）

表 3–4 "亚非拉国家的现代抉择"的设计框架

主题	单元群	跨单元的内容主旨	跨单元的教学目标
亚非拉国家的现代抉择	《中外历史纲要（下）》：第三单元第 7 课《全国联系的初步建立与世界格局的演变》；第六单元第 12 课《资本主义世界殖民体系的形成》、第 13 课《亚非拉民族独立运动》；第七单元第 16 课《亚非拉民族民主运动的高涨》；第八单元第 21 课《世界殖民体系的瓦解与新兴国家的发展》；第九单元第 23 课《和平发展合作共赢的时代潮流》	随着新航路的开辟，西欧国家对美洲、非洲、亚洲开始了早期殖民扩张；进入工业文明的资本主义逐步取得世界统治地位，亚非拉许多国家和地区沦为其殖民地半殖民地，至 19 世纪末 20 世纪初，世界殖民体系最终形成。伴随着世界殖民体系的形成，亚非拉人民开始了反抗殖民压迫的斗争。20 世纪的两次世界大战成为殖民体系走向崩溃的加速器，也推动了亚非拉民族民主运动不断掀起高潮。二战后，冲破殖民体系的发展中国家为构建新的国际秩序进行着不懈斗争，在风云突变的世界局势中求生存、求发展，探索着自己的发展之路，也成为影响世界格局的一支重要力量。	知道新航路开辟后亚非拉国家"被殖民→求解放→谋发展"的发展历程，在对世界殖民体系形成过程与亚非拉民族解放运动的关系、两次世界大战与世界殖民体系兴衰的关系、现代世界格局与亚非拉国家发展的关系等问题的辨析、评判过程中，逐步掌握多角度分析历史现象、评判历史事件的方法，尝试提出自己的观点并作出阐释。在亚非拉国家寻求独立、谋求发展的历史进程中，感悟历史演进的复杂性，赞赏平等互利与和平发展的人类命运共同体理念。

本主题式跨单元教学设计是以高一学生为教学对象。作为高中起始年级，在学情方面可能存在几种情况：一是《中外历史纲要》所涉内容学生在初中学段基本已有了解，但由于初三年级未设置历史课程，因而高一学生会存在学科基础差异较大等问题。二是《中外历史纲要》以通史体例、纲要形式概述了自古到今的中外历史，无论是一个专题，还是一个课时的内容都是高度凝练的呈现，知识点密度大，因此教学实施方面要充分考虑学情基础。

2. 以问题链推进学习

本主题式跨单元教学设计的主要内容集中于《中外历史纲要（下）》，学生虽然通过上册教材的学习有了一定的适应性，但基于高中历史学习要求的提升，世界史内容在高中学段仍为首次接触，因而学生学习仍有一定难度。鉴于此，本主题学习以"抉择"为关键词，教师可以在学习的重难点、学生的生疑点设置问题，以问题链方式由浅入深、循序渐进地引导学生深入学习，激发学生的历史思维，逐步培养学生对历史现象、历史问题作出独立思考与评判的能力。（见表3-5）

表3-5 "亚非拉国家的现代抉择"的问题链设计

单元	基础问题	专题问题	综合问题	拓展问题
第三单元走向整体的世界第7课《全球联系的初步建立与世界格局的演变》	1. 新航路开辟前亚非拉地区的发展境况是怎样的？ 2. 新航路开辟对亚非拉地区形成了怎样的影响？亚非拉地区又是如何回应的？	面对全球时代的开启，亚非拉地区是否有选择发展道路的机会？为什么？	当今世界亚非拉国家如何应对发展的挑战与机遇？	过去的历史会怎样影响人们现在或未来的选择？
第六单元第12课《资本主义世界殖民体系的形成》、第13课《亚非拉民族独立运动》	1. 世界殖民体系的建立对亚非拉国家产生哪些影响？西方列强是如何改变世界的？ 2. 如何评析拉丁美洲的"独立"、亚洲的"觉醒"和非洲的"抗争"。	如何理解马克思的"双重使命"学说。		

（续表）

单元	基础问题	专题问题	综合问题	拓展问题
第七单元第16课《亚非拉民族民主运动的高涨》	1. 一战后为何出现了亚非拉民族民主运动的高涨？ 与战前相比较，具有怎样的特点？ 2. 亚非拉民族民主运动的发展对国际局势产生了怎样的影响？	为何说"世界大战成了世界殖民体系瓦解的加速器"？		
第八单元第21课《世界殖民体系的瓦解与新兴国家的发展》	1. 二战后世界殖民体系崩溃了，殖民主义是否对亚非拉国家仍存在后续影响？ 2. 当前，亚非拉发展中国家有利的发展条件有哪些？所遭遇的问题与障碍有哪些？	当今影响亚非拉发展的因素有哪些？		
第九单元第23课《和平发展合作共赢的时代潮流》	1. 当代世界发展的趋势是什么？ 2. 形成这种趋势的原因有哪些？	当今时代的亚非拉发展中国家应该如何选择发展之路？		

　　本主题学习紧扣亚非拉国家在不同时空背景下的发展问题展开探讨，引导学生在具体历史情境中，联系相关史实进行比较分析，提出观点作出解释。学生对问题指向的确定，对问题解决的方法、路径的确定，以及归纳观点展开阐述，每个思考环节都隐含着对历史现象、历史问题的事实判断与价值判断，在学生历史判断力的培养与呈现中体现了学科核心素养的落实过程。

　　第三单元《走向整体的世界》所涉内容处于15—16世纪，这是世界历史发展的重要时期。新航路开辟前，亚洲、欧洲、非洲和美洲是基本独立发展的多元文明格局，这种局面被新航路开辟后的殖民扩张所打破。西欧国家以军事征服、奴隶贸易等方式开启了全球殖民扩张，使美洲的古老文明遭到毁灭性打击，其社会发展进程被迫中断，疯狂的奴隶贸易严重影响了非洲原有的社会发展轨迹，亚洲的古老国家也不同程度地受到了打击。本单元专题问题为"面对全球联系开启的时代，亚非拉是否有选择发展道路的机会？为什么？"其设计意图是引导学生以全球视角展开分析，结合特定时空背景，联系已学的相关知识，例如《中外历史纲要（上）》的中国明清时期、《中外历史纲要（下）》第二单元的亚非拉地区文明发展情况等，基于一定的史观、史料对此问题进行分析，陈述观点，阐述理由。新航路开辟后世界逐渐成为联系日益密切的整体，由于各地区文明发展程度的差异，使得不同地区文明相遇时无法做到和平与平等。本单元第 7 课中关于围绕中国形成的白银贸易网络的史实，从一个侧面反映了全球联系促进了贸易与航运的发展，当时的中国仍然保持着其在东亚的地位与影响力。全球联系的建立给世界各地区、国家都带来了挑战和机遇，在时代变迁中如何识变、应变就成了发展的关键。本单元的问题设计，引导学生思考：新航路开辟给亚非拉地区带来了什么？当时的亚非拉地区是否有选择发展道路的机会？若要获得选择的主动权又会受到哪些因素的影响？

第六单元《世界殖民体系与亚非拉民族独立运动》、第七单元《两次世界大战、十月革命与国际秩序的演变》是聚焦于 16—20 世纪初的世界历史，进入工业时代后，西方列强的殖民扩张活动日益加剧。随着资本主义发展到帝国主义阶段，列强进一步瓜分世界，最终建立了资本主义世界殖民体系。考虑到这两个单元是学生初中阶段的重点学习内容，因此专题问题分别为"如何理解马克思的'双重使命'学说？""为何世界大战成为世界殖民体系瓦解的加速器？"这两个问题的设计意图是引导学生从多角度、多层面分析、理解殖民主义对亚非拉地区乃至世界所带来的影响。西方列强为追利而进行殖民扩张，为争霸而发动世界大战，但主动争夺的结果并不一定都会对他们有利。亚非拉地区相继沦为殖民地半殖民地，从最初被动对接到后来主动融入世界的过程，客观上给亚非拉地区带来了近代的发展；亚非拉人民在反抗殖民的斗争中，促进了民族觉醒与民族民主运动的发展；世界大战给人类带来了巨大灾难，但也冲击了殖民宗主国和他们所构建的殖民体系，陷入战争泥潭的列强被削弱了对殖民地半殖民地的控制力，客观上也促进了亚非拉地区民族民主运动的高涨。两个单元涉及"世界大战""世界殖民体系""亚非拉民族民主运动"等多个重要内容，既有纵向的历史延续性，又有横向的历史关联性。通过专题问题的解决，引导学生理解历史纵深发展的延续与变化，横向发展的不同特点与相互影响，运用辩证、宽广的视角来分析思考问题。

第八单元《20世纪下半叶世界的新变化》和第九单元《当代世界发展的特点与主要趋势》展现了二战后直至当今的世界历史。二战后世界发展的"新变化"表现为世界殖民体系走向崩溃、从两极逐渐走向多极的国际格局演变、资本主义世界和社会主义世界的发展与变化,等等。随着科学技术的新突破,世界经济的高速发展,人类生活发生了巨大变化。这两个单元的专题问题为"影响亚非拉国家选择未来发展之路的因素有哪些?""亚非拉发展中国家应该如何选择发展之路?"其设计意图是引导学生对亚非拉地区获得独立的新兴国家的发展问题进行分析思考,基于先前几个单元的学习基础,尝试联系现实就发展中国家如何选择未来发展之路的问题进行思考与展望,提出自己的观点与解释。全球化背景下地区、国家之间的联系日益加深,国际格局趋向多极化但不稳定性、不确定性仍表现突出,发展中国家的发展存在哪些有利条件?又存在哪些问题与障碍?能否摒除殖民主义的后续影响?能否在不公正的国际政治经济秩序中走出符合自身国情的发展之路?对这些问题的探讨,让学生能深入思考:20世纪下半叶世界的新变化给发展中国家带来了什么?进入21世纪,发展中国家又该如何选择自己的发展之路?

本主题学习最后所设计的拓展问题是:"过去的历史会怎样影响人们现在或未来的选择?"在历史延续性视角下探讨亚非拉地区发展中国家的发展问题,思考在国家发展进程中历史传统、变革因素、价值观念等对现在、未来发展选择的影响力。不仅如此,还可以继续延伸问题的思考,如"一国的发展道路选择是否会影响周边国家或世界?"等。通过本主题学习,让学生从解决历史问题到思考现实问题,过去的历史是客观存在的,影响现在或未来的不仅是过去历史的客观存在,人们对过去历史的态度也会影响人们对现在和未来的看法与选择。一个具有正确判断力的人,才能更好地把握当下和未来的方向。通过问题链设计推进学生的主题学习进程,让学生在"示范—模仿—实践"的过程中逐步掌握分析问题的基本方法、思维路径和评判角度。

3. 立足整体设计评价

主题式跨单元教学往往是一个长时段的学习过程,期间既要让学生保持对学习主题的持续关注，又要推动学生学习的不断深入，进而实现学生学习能力的提升，这就需要对整个教学过程进行通盘规划，推敲深究每个教学环节，做到各个教学阶段的逐次递进，包括立足单元进行评价设计以实现对学生学习过程的持续监测，为教与学的优化调整提供依据。

"亚非拉国家的现代抉择"是一个主线清晰、内容涉及广泛、时间跨度长的学习主题。从学生学习实际出发，教师要以立足教材、评教一致、着眼能力为宗旨进行学习评价设计；从学生的学习效果考虑，教师要以课堂教学、自主学习相结合为要义保持学生的学习关注。鉴于跨单元的教学特点，在学习评价设计时可兼顾多样性、持续性等原则。（见表3-6）

表3-6 "亚非拉国家的现代抉择"的作业设计框架

单元	作业	设计意图
第三单元 走向整体的世界	以"新航路开辟后对亚非拉地区的影响"为话题展开思考，撰写一篇历史小短文。 要求： 1. 自选角度，观点明确，论述逻辑清晰，能结合相关史实进行阐述。 2. 自拟标题，字数不少于400字。	本单元关于新航路开辟影响的概述已经比较全面与清晰，单元学习后学生对此已有了较为全面的了解。依据主题学习要求，一是通过这份作业了解学生的学习基础与兴趣，提示学生能将之与亚非拉地区的后续历史发展进行联系；二是学习经验是在知识的输入与输出过程中得以内化与习得的；三是作为主题学习的开篇写作类作业将与后期的作业设计形成可比照的评价信息链，作为教师与学生评价学习效果的依据。
第六单元 世界殖民体系与亚非拉民族独立运动	方案一：材料解析题 "上海的文化是很驳杂的，它既有西方文化的影子，更有江南文化的底色；既有红色文化的创举，更有海派文化的创新……"（摘选自《上海六千年·千年之城》），请结合所学史实对这一说法加以评述。 方案二：学习实践活动 上海租界是近代中国辟设最早的。以"城市记忆"为题，组织学生对上海近代以来的城市历史开展寻访活动，并以图片、文字等形式展示自己对城市历史的了解与城市未来的憧憬。	本单元的两课内容有着历史因果关系。19世纪末20世纪初，列强通过殖民扩张建立了资本主义世界殖民体系，亚非拉地区人民为反抗殖民侵略、争取民族独立而展开了英勇的斗争。上海是近代中国最早开辟租界的城市，也是近代中国半殖民地半封建社会的缩影。作为身居上海的高中生以此为典型史实开展学习活动，既有历史代入感，也是了解乡土历史的重要过程。 通过这份作业的学习过程，能促进学生感悟与理解马克思的"双重任务"说。

（续表）

单元	作业	设计意图
第七单元 两次世界大战、十月革命与国际秩序的演变	依据推荐和自选学习资源，学生选择亚非拉地区的某一国家开展阅读学习。 学习要求： 1. 阅读时做好内容摘要，完成该国自新航路开辟后至今的大事年表。入选事件不超过 10 件，并附上入选理由。 2. 通过阅读撰写一份学习报告，对该国的"过去""现在"的历史发展进行评析。标题自拟，能结合具体史实进行充分阐述，字数不少于800 字。所引材料在文末标注出处。	本单元作业是围绕学习主题制作大事年表和撰写一份学习报告。由学生依据个人兴趣，选择亚非拉地区的任一国家开展阅读学习。 这份作业的完成需要一定的时间，可作为长时段作业提前布置，过程中可以指导学生随着主题学习的不断深入、认识的不断深化进行适时修改，并保留修改痕迹。教师可以此了解学生学习状态的变化，学生也可以此了解自己思考的变化历程。这也为学生后续单元的发展中国家研究奠定了学习基础。
第八单元 20 世纪下半叶世界的新变化	对主题阅读作业进行补充与修改，并对发展中国家的未来发展提出自己的建议和展望。以微课、微报告等形式展示个人的学习成果。	随着学习进程的深入，师生由历史问题的探讨逐步进入联系现实、展望未来的问题思考。作为一份开放式的研究性学习作业，指导学生把联系现实的学习思考记录其中，以多种形式展现自己的学习成果。在选题、研究、写作到最后表达阐释的过程中，学生的学习综合能力得以培养与历练。
第九单元 当代世界发展的特点与主要趋势		

"亚非拉国家的现代抉择"的主题教学依据由易入难的作业设计思路，随着学习内容的积累、深入，采用了主题论述题、材料分析题、主题阅读报告、历史图表绘制、主题实践活动等形式，从统一的学习内容到自选的学习内容，从课内主题研讨到课外主题寻访，从学习体会记录到学习成果展示，以紧扣教材、聚焦主题、形式多样的作业设计促进学生的学习，保持学生对主题内容的持续关注度与学习热度。以长时段作业来实现学习的延伸性、递进性，使学生学习过程的成果渐变与进步痕迹能可视化、序列化，使学生获得良好的学习体验，激发其持续学习的信心与热情。整个作业设计考虑到了学生的实际情况，尤其是学生课外自主完成的阅读作业，以长时段作业的形式保证了学生较为充分的学习时间，以学生不断自我修整的形式记录个人学习经历，以持续性作业的形式保障了学生能有集中的学习精力。这份作业的修改痕迹成为教师对学生学习的过程性评价依据，也是学生进行自我评价的重要依据。不仅如此，立足单元

整体的作业设计还可以有其他设计考虑，例如，在课前通过前置性作业来对学生的学科基础知识与技能进行唤醒或补齐，以导学案、阅读作业等形式帮助学生构建单元学习基础。又如，围绕主题设置环环相扣、层层递进的问题链，在探讨思辨过程中对学生进行观察评价。

4. 有效迁移融会贯通

高中历史课程标准指出，要"使学生能够从历史的角度关心国家的命运，关注世界的发展"①，形成现代公民应具有的历史素养和国家历史认同。《中外历史纲要》将中国史与世界史分列两册，本主题学习的单元群主要来自世界史部分，但中国作为亚非拉地区的一个大国，中国史应是本主题学习的重要相关内容。

新航路开辟后，全球联系建立时的中国是世界贸易的重要一员，中国是世界市场的重要组成部分。《中外历史纲要（下）》中第三单元的第7课《全球联系的初步建立与世界格局的演变》，关于一个围绕白银输入中国的贸易网络的形成，体现了当时中国在全球贸易起始阶段的重要地位与影响，同时世界经济的联系发展也影响着当时中国的社会发展与经济贸易等。进入18世纪，随着工业革命的开展，英国等国家的实力大增，大力殖民扩张，鸦片战争后中国被迫沦为半殖民地。1901年《辛丑条约》签订后，中国完全沦为半殖民地。19世纪末20世纪初，世界殖民体系形成，中国成为资本主义列强的海外市场、原料产地和投资场所。随着西方列强的步步入侵，民族危机步步加深，也激发了中国的民族觉醒，社会各阶级相继登上历史舞台，掀起了救亡图存、反帝反封建的斗争。进入20世纪，中国用"以工代战"形式参加了一战，为协约国的胜利作出了贡献。中国的参战意义重大，对收回山东主权起到了重要作用。不仅如此，一战期间的十月革命也影响到了中国。1921年，中国共产党成立，开始领导中国人民进行反帝反封建斗争，在中国历史发展进程上翻开了新的篇章。1931年，日本发动侵华战争，中国全民族历经14年的艰苦抗战，取得了最终胜利，这是近代以来中国抗击外敌所取得的第一次完全胜利，重新确立了中国在世界上的大国地

① 中华人民共和国教育部.普通高中历史课程标准（2017年版2020年修订）[M].北京：人民教育出版社，2020：2.

位。解放战争的胜利，从根本上改变了中国社会的发展方向，中国共产党领导全国人民建立了新中国。近代以来，身处世界殖民体系中的中国，历经百年的不懈抗争摆脱了半殖民地的命运，也成为瓦解世界殖民体系的一支重要力量。

二战后，亚非拉民族民主运动促使世界殖民体系最终走向崩溃，世界联系进入了一个新的历史阶段，东西方各国的联系形式随之改变，亚非拉地区新兴国家成为重要的国际力量，但面对战后复杂多变的国际局势，新兴国家有着新的挑战与机遇。身处世界多极化趋势的时代，中国以和平发展实现了崛起，坚持互利共赢开放战略，在国际事务上提出的"金砖"方案、"一带一路"方案和"人类命运共同体"方案等都体现了中国智慧。

综上可见，就如晏绍祥先生在谈及《中外历史纲要（下）》教学时所言"缺失世界史背景的中国史，很难说是全面的中国史，同样，没有中国的世界史，也不具备真正的世界性"。教师在世界史教学中要有联系中国史的科学认识与主动意识，秉承立足中国胸怀世界的原则，客观认识中国文明对世界文明的贡献及其地位，同时为学生提供从世界历史视野来认识中国的学习体验。

（二）主题式跨单元教学设计："与历史对话中认识过去"①

1. 聚焦能力整体规划

本主题式跨单元教学设计以"与历史对话中认识过去"为题，基于高中历史学习逻辑起点，选取《中外历史纲要（上）》中国史部分的第一、三、四单元，通过对"什么是历史""历史认知是如何形成的""如何辨别史料的信度和认识史料效度"等问题的探究，围绕学生历史判断力养成而确定核心内容，并帮助学生建构知识体系。在以"寻找"为话题的单元，以"夏朝是传说还是真实"展开探究，揭示私有制、国家起源等史实关联，建立考古遗存的时空框架；了解"烽火戏诸侯"不断演绎的过程，在史料的整理和辨析中认识历史事物的来龙去脉。在以"疑点"为话题的单元，以"陈桥兵变"展开探究，懂得由于研究对象和问题的不同，历史材料的有效性与可靠性会发生变化；通过"清明上河图中的谜团"探究活动，学会从图像史料的时代风貌、作者观念等路径汲取和整理

---

① 本案例由上海复旦大学附属中学张敏霞老师提供。

历史信息。在以"真相"为话题的单元，以"朱元璋画像"展开探究，尝试从多种角度辨别史料的价值和可信度；通过"礼仪冲突"的视角剖析，培育学生对历史语境下具体历史事件和历史人物进行事实判断和价值判断的能力。

2. 单元设计紧扣主题

聚焦学生关键能力养成而实施的教学如何取得较好的成效呢？以下就以本主题式跨单元教学设计中《中外历史纲要（上）》第一单元的教学为例。

（1）设计思路

第一单元所涉内容广、时间跨度大，但基本都是学生在初中阶段已学过的内容，教师在教学处理时可突破学生已有的知识储备，适度增加思维深度，培养学生看待新材料、新观点的方法。实际教学时可依据4课内容的联系性，进行课程内容的整合，并设计相应的学习活动。其中第1课、第2课的学习中，学生需要对考古遗存和历史传说进行探究分析，学会对史料进行整理和辨析，懂得文献阅读等是获取历史材料的常用途径和方法。结合考古发现把早期文明的起源及最终形成的历史轨迹、基本特征作合理的论证，初步懂得历史是人类对"过去"的梳理与重新认识，体现着每一代人对"过去"的不断思考与理解。（见图3-2）

传说、文献和考古互证　　文明初显——新石器时代的南稻北粟　　中华文明源远流长
国家初建——夏商周多族共主家天下　　中华民族多元一体
制度初创——秦统一多民族封建国家

图3-2 《中外历史纲要（上）》第一单元知识结构图

（2）单元内容主旨

以传说、文献和考古揭示了中国是人类起源的重要地区，梳理考古遗存的时空关系，知道中华文明的起源与发展，认识夏商西周时期早期国家的形成轨迹和基本特征；通过阅读文献，分析、比较文献，结合考古材料互证，懂得神话与史实、传说与信史的关系与差异。随着东周衰微，诸侯纷争，变法自强，五霸七雄之大动荡，进一步推动了社会经济、文化的大变革和大发展，扩大了周边各族的华夏认同与融入。从"争"与"变"中孕育"认同"的视角，展现了革故鼎新、乱世求治、统一多民族国家渐趋成型的时代趋势。了解中国古代文明的诞生与演变，知道中国传统文化产生的时代背景，深入理解中国的文化血脉和

文化土壤,增强民族认同与文化自信。

（3）问题链设计

表 3-7 "寻找文明产生与发展的原因"问题链设计表

第一单元 从中华文明起源到秦汉统一多民族封建国家的建立与巩固					
专题问题	设计意图	第1课 中华文明的起源与早期国家		拓展问题	设计意图
		基础问题	设计意图		
寻找文明产生与发展的原因	本单元中"文明"和"统一"是两个核心概念,单元主题为中华文明的起源与形成,进而引出统一多民族封建国家的起源与建立。引导学生尝试运用唯物史观及历史辩证法来认识与分析历史现象,梳理中华文明产生的原因,了解生产力与生产关系的角度解读这一时期生产关系与社会结构的转变。	1. 如何知晓夏朝历史的存在? 2. 怎么看待这些考古发现? 3. 夏朝是传说还是真实存在?	本课立足考古遗存的分析和综合,从中找出理解文献史料的途径与方法,把早期文明的起源及最终形成的历史轨迹和基本特征作了合理的分析和论证。以学生已有的知识储备为突破,通过认识文献中的夏朝和考古中的二里头文化的关系,加深学生对于二重证据法的理解,并培养学生看待新材料、新观点的方法。	今天的我们该如何寻找文明的源头?	本单元学习能让学生体悟到历史是不断认识而形成的。后世学者对于历史的源头与发展依然存在很大争议。目前所知的历史史实、历史解释是否还有漏洞或者可质疑之处?可以采用什么方式或者路径去弥补或者修正?这些框架性问题其实是帮助学生从认知作者、证据意识、史料价值、史料实证、时空观念、历史逻辑等多元视角进行事实判断和价值判断。
		第2课 诸侯纷争与变法运动			
		基础问题	设计意图		
		烽火戏诸侯的故事是如何形成与流转的?	选择经得起反复研讨,有探究可行性的问题,在课堂教学中分化为可以思考和讨论的话题,从"记录的历史""传播的历史"和"接受的历史"等视角去梳理、接近"真实的历史"。并推理、归纳、判断史料流传背后的深层次原因。 对史料进行整理和辨析,懂得文献阅读等是获取历史材料的常用途径和方法,以此获取历史信息和证据价值;以说明论证、质疑辩驳、补充完善等方式,与他人交流学习与探究成果的方式。		

（4）教学实录节选

导入（师）：从"盘古开天"开始，之后是尧、舜、禹的禅让，再到开启世袭父位，中国第一个王朝夏朝就此开始，直至为商人所灭。这是中国古史的传统叙述，不过，一百多年前，人们没有"见过"史书以外任何夏朝存在的证据。我们是如何知晓夏朝历史的存在的呢？

环节1：从学生已有知识储备中寻找探究话题，以"我们怎么知道夏朝"引入"我们如何得知历史"的问题。懂得从文献获取史料的途径和方法，以此获取历史信息。

生1：古代典籍中早有记载，如《史记》《尚书》上都读到过关于鲧禹治水、启建夏朝等历史。

师：从西周的豳公盨（xǔ）、清华简《厚父》到其后的《左传》诸书，乃至战国时代诸子的言说，对夏朝以及大禹事迹均多有称述。哪位同学可以分析一下这些史料的有效性。

生2：《尚书》成书时间最早，比起《左传》《史记》的可信度更高些，后来发现的实物史料，如西周的豳公盨、清华简《厚父》成了更有效的史料，两者结合起来，对于夏朝的内容最早的文献应该是西周时期。

生3：从刚才同学的分析来看，关于夏朝的记载是在西周，缺乏更早的文字资料。因此不能推断出夏朝的存在，只能说可能有夏朝。

生4：《尚书》中关于夏朝的文章，其成文年代至早不会超过春秋战国，也就是说晚于夏朝约一两千年，很难作为有力证明。

师：夏朝作为三代的肇始王朝，其相关文字记载相对缺乏，即便是在春秋时期，孔子已有夏史"不足征……文献不足故也"的感慨；至司马迁的《史记》则以《史记·夏本纪》通篇不过三千余，更多的夏史信息早已湮灭于历史的烟云中。在浩瀚的古代典籍中所见到的有关夏史的记载，不仅都只是片段的，而且内容也是令人生疑的。如《左传》《国语》《吕氏春秋》等书虽然也能见到《夏书》，但不是一笔带过，就是片言只语，而且常出现互相抵牾的现象，让人难以取舍真伪。

环节2：教师介绍二里头文化遗址的发现：中国最早的城市主干道网及其

上的双轮车辙、最早的中轴线布局的宫殿建筑群、最早的多进院落宫室建筑、最早的围垣官营手工业区、最早的绿松石器作坊等等。引导学生从实物史料中分析有效历史信息，理解史料所呈现的信息和背后折射的时代特征。

师：要认识一个古代历史时期主要有两个途径，即文献史料和实物史料。夏朝的文献史料很重要，但也很模糊，所以实物史料成为非常重要的依据。怎么看待这些考古发现呢？

生3：宫殿建筑、城市布局和墓葬的区别等现象较为清晰地反映出等级结构的存在。墓葬中的绿松石器物很可能是权力地位或者宗教用途。

生2：二里头周围是适宜农业生产的冲积平原，而建造宫殿、制作石器、青铜的原料和燃料，包括生活日用品盐应该是来自其他地区。说明二里头文化与周边地区存在交换，或者被二里头地区控制。而在城市遗址内发现的青铜冶金区域表明手工业的发展状况。

环节3：教师总结学生的分析，二里头文化遗址是一个高度分层的社会，人口稠密、阶层分化，其居民从事农业和手工业，是一个在地区、宗教和经济方面起重要作用的城市。通过"围绕历史语境的史识建构"中的"提取"与"基于历史语境的史实还原"的"分辨"，教师进一步结合教学内容和目标提出"二里头文化是夏王朝的遗存吗？"的"评判"问题。

生1：二里头并无出土文字自证，所以这一遗址也许是某一个比较发达的古代文化，但不一定说明就是夏朝。

生3：但是关于夏朝的内容不可能凭空杜撰。虽然没有文字，但它的宫殿建筑与青铜礼器表示它与殷商近。

生4：用器物来推断未必合理，器物相似不能等同于族属、朝代和国家。

师：文献和考古材料是历史的产物而非历史本身，它们都需要进行梳理和分析才能利用。晚出的文献材料一定要追溯某种说法的来龙去脉及层累的形成过程，如果不是共出的文字和考古材料，很难彼此对应。

环节4：在引导学生阅读文本和分析实物的过程中，教师应该引导学生去思考："寻找夏朝"到底是怎样被提出的？关于夏文化的争论又是为何产生，双方的观点有哪些可以理解的地方？又有哪些值得推敲的地方？……从"寻找夏朝"的问题产生与演变，引出超越历史语境的现实问题："今天的我们该如何寻找中国文明的源头？"目前所知的历史史实、历史解释是否还有漏洞或者可质疑之处？可以采用什么方式或者路径去弥补或者修正？这些框架性的问题其实是帮助学生从认知作者、证据意识、史料价值、史料实证、时空观念、历史逻辑等多元视角进行事实判断和价值判断。

师："夏朝是否客观存在"的话题至今依然没有定论。回溯源头，关于夏朝的争论的出发点是什么？

生5：主要是因为二里头遗址没有任何文字来证明它是夏文化的范畴。缺少文字的印证是最大的问题。

生4：我觉得二里头地区的考古资料还是有限的，出土的实物无法形成系统。

生6：对的，即使是记载的古代文献也大都和夏朝间隔久远，而仅仅凭借《史记·夏本纪》《国语》这类文献中零星的记载，还不足以证明夏朝的真实存在。

生3：老师，会不会我们已经找到了夏代的遗存，但却得不到确认？

师：是的，很有可能。目前，我们所采用的认识历史的主要方法，就是考古与文献证据相互印证的二重证据法。而这个方法也存在一定的问题，就是考古材料需要接受文献资料的认定。

生3：这样看来，关于夏朝的争论是大家对一个问题，有着不同认识方法的结果。

师：非常对，更准确地说，围绕"夏"而产生的种种纷争，是对材料、方法、理论的不同认识导致的不同结论。

小结（师）：多本先秦史书从不同侧面相互佐证了夏朝的核心区域就是在如今的伊洛河之间。20世纪50年代徐旭生先生曾经根据文献记载按图索骥，在今天的洛阳偃师二里头一带发现了一处古遗址，位置正好就在古洛河与伊河之间。如果重新来认识文献中的"夏"，我们还会有什么新的认识呢？

（5）作业设计

本单元是学生在高中阶段最初接触的历史教学内容，因而学习评价的着眼点主要是对学生学习基础的了解，为此后教学展开后获取的评价数据提供比照，进一步了解学生在学习过程中历史判断力的变化与发展。

① 单元作业设计：《从故乡的传说中发现历史》

以"故乡的传说"为主题，采访长辈和翻阅历史书籍，学生去寻找与故乡相关的散落于各地具有浓郁乡愁情怀和朴素气息的民间传说、神话故事、生活谚语等，寻找与这些传说相关的小说、戏曲等，并能阐述这些传说的流传与演变。通过这份单元作业教师可以引导学生思考：我的观点是什么？为何会形成这样的观点？如何来证明自己的观点？教师以批判性思维的方式进一步加深学生对历史解释的深度认知。

② 学习实践活动：历史"打假"活动

通过教师在课堂教学活动中的示范，教师继而提供"纣王的罪状""管仲三策""杯酒释兵权"等历史典故资料，学生尝试模仿学习并在新问题情境中加以实践，进一步培养与展现学生的历史判断力。

（三）主题式跨单元教学设计："中华优秀传统文化在历时性中发展创新"①

1. 聚焦主题整体规划

创新是中华文化源远流长、绵延不绝的基因密码，历经千年传承至今的中华优秀传统文化是历史的见证。中华优秀传统文化根植于中华大地，同时在漫长的历史发展中博采众长、交融创新，呈现出自身独特的文化特点，在教学中引导学生深入理解、自觉传承中华优秀传统文化，这是历史学科立德树人的根本任务。

本主题的教学内容集中于《中外历史纲要（上）》第一单元至第四单元。设计思路是将关于中国古代文化与政治、经济、社会互动发展的相关史实置于"'文化生命力'的生成"这一线索下进行思考与探究，其中第一单元第4课《西汉与东汉——统一多民族封建国家的巩固》的教学侧重大一统初期的社会与文化关系，第二单元第8课《三国至隋唐的文化》侧重动荡纷争走向再次统一的社会与文化关系，第三单元第12课《辽宋夏金元的文化》侧重多

---

① 本案例由上海复旦大学附属中学栾思源老师提供。

民族政权并立的社会与文化关系，第四单元第15课《明至清中叶的经济与文化》侧重君主专制顶峰的社会与文化关系，体会中国传统文化在曲折碰撞中前进、不断丰富的发展历程。整个教学设计中关注从两个维度培养学生的历史判断力：在史料中提取表层与深层信息进行史料实证的能力、运用唯物史观（社会存在决定社会意识等）进行历史解释的能力，对于焦点问题能够进行综合分析作出评判。

2. 单课设计教学示例

以《中外历史纲要（上）》第8课《三国至隋唐的文化》的教学设计为例，本节课以历史判断力的养成为着力点，唯物史观的养成和运用作为突破口，将三国至隋唐时期文化与经济生活、政治生态、价值观念等相互影响作为主线，在史料阅读与分析的过程中渗透学科核心素养的培养。

（1）内容主旨

三国至隋唐时期，思想、文学艺术、科技等方面的文化成就达到新高峰，展现中国古代封建社会由分裂走向再度统一、曲折中实现新繁荣的时代风貌，在精神与现象的交互中反映中国古代顺势发展、继往开来、不断创新的文化生命力。

（2）教学目标

知道三国至隋唐时期思想、文学艺术、科技等文化方面新成就的相关史实；掌握通过文献、诗歌、书法作品等相关史料判断历史观点、论证历史结论的史学方法；理解顺应时代背景下经济生活、政治生态与价值观念等领域的变化与文化发展之间的相互影响与作用，以及这一时期中国文化能够继往开来、不断创新，达到新高峰的深层原因；认识文化是精神和现象的表现，两者互为表里，感悟社会存在决定社会意识的唯物史观，体会中国"文化生命力"在兼容并蓄中不断滋养发展。

（3）重点难点

重点：理解顺应时代背景下经济生活、政治生态与价值观念等领域的变化与文化发展之间的相互影响与作用。

难点：如何理解社会存在决定社会意识，文化是精神与现象的表现、互为表里。

（4）教学策略

本课教学对象是资优班学生，基于学情依据课程标准对教学内容进行了整合。通过科学技术文化—文学艺术文化—社会思想文化的路径，帮助学生理解在顺应三国至隋唐时期由动荡纷争再度走向统一的时代背景下，文化与经济生活、政治生态、价值观念之间互相作用、彼此促进的过程，体会中国古代文化在顺势发展中能够继往开来、不断创新的强大文化生命力。

本课结合三国至隋唐时期文化发展的特点，侧重从纵向维度观察中华文化在不同时代背景下的曲折发展，运用教材中的典型材料与案例，辅以一手史料、历史细节的补充引导学生理解社会存在决定社会意识，文化是精神与现象的表现、互为表里，体悟唯物史观。同时将"中外文化交流"的部分内容置于"辽宋夏金元的文化"一课整合学习，侧重从横向维度感悟异质文化碰撞对文化生命力生成的影响。通过一些具有"矛盾性"或"冲突性"的材料与观点，引导学生在讨论过程中进行评判并作出自己的历史解释，从而深化历史判断力的培养层次。教材中未能重点涉及的内容则以课前预习作业等方式组织学生进行自主学习。

（5）教学过程

导入：出示中国古代科学家纪念邮票，引出贾思勰与《齐民要术》。

设计意图：通过当代物件展现三国至隋唐科技文化新高峰，引发学生兴趣，并引出贾思勰，导入新课。

环节一：介绍《齐民要术》的成就与贾思勰编著特点；出示材料一，结合时代背景，思考"贾思勰著此书时带有怎样的思想"；出示《齐民要术》的目录内容，讨论贾思勰真的"商贾之事，阙而不录"吗？结合材料一，分析贾思勰的《齐民要术》除了科技成就外所体现的时代精神。

设计意图：通过示范，引导学生结合时代背景理解科技文化出现新高峰的原因，培养学生阅读文献、提取关键信息、分析矛盾、综合判断进行历史解释的学科核心素养。体悟科技文化在推动社会现实发展的同时也受社会意识反作用的影响。

环节二：出示材料二，阅读教材"历史纵横"栏目，结合时代背景，了解田园诗等新的文学艺术形式出现的社会原因及其背后社会意识的变化。先后出示材料三、四、五、六，并结合所学，连续引导提问，讨论总结"为何唐朝的诗歌等文学艺术创作进入黄金时代"。结合材料七及时代科技文化水平等，讨论书体变化的主客观原因，理解艺术文化发展与社会意识变化之间的相互作用与影响。

设计意图：通过示范—模仿，教师结合引导提问，培养学生对各类历史信息综合分析并进行历史解释的能力，掌握诗文互证等史学方法。体会这一时期文学艺术突破传统，达到新高峰的深层原因，感受文学艺术在反映社会现实同时，更体现社会意识的变迁，并在相互作用与影响中不断滋养文化生命力。

环节三：出示壁画、石窟等艺术等其他多类型文化成果，出示材料八、材料九，简要讲述昙曜五窟、法果、武则天以及三武一宗灭佛的相关事件，并结合课本内容讨论"如何看待这一时期的尊佛灭佛"以及"是否与传统儒学发展有关联"。理解文化是精神与现实的表现、互为表里，在时代变迁中顺势发展。

设计意图：通过示范—模仿，进行能力迁移，通过设置讨论主题、分析历史背景、运用史料实证、对观点作出合理解释，实现历史判断力的育成。同时引导学生理解文化的发展带有曲折性，始终伴随时代变迁在适应与进化，最终与时代的发展方向相一致。

环节四：总结本课内容，完善板书，运用"社会存在决定社会意识"等唯物史观，宏观分析中国古代文化在顺势发展过程中与经济生活、政治生态、价值观念之间相互作用与影响，继往开来，生成文化生命力。最后布置探究实践作业，以石窟文化的中西交融为例，课后思考异质文化交融对中国古代文化生命力的促进作用。

设计意图：升华课堂教学主旨，培养学生运用唯物史观宏观理解中国古代文化在顺势发展中继往开来、不断发展、达成新高峰，体会文化生命力持续生成。同时将"中外文化交流"的学习设置为课外能力迁移实践，引导学生自主探究除"顺势"之外，异质文化的交融同样是促进文化生命力的重要路径，为本主题跨单元教学的下一阶段学习做好铺垫。

（6）板书设计

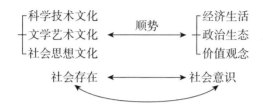

（7）作业设计

· 课前预习作业

通过表格形式（见表3-8），仿照示例，梳理教材中三国至隋唐科技文化、文学艺术、思想文化取得的新成就。

表3-8　"三国至隋唐文化"知识梳理表格

类别	名称	典型代表或人物	历史地位
科技（建筑）	赵州桥	隋朝李春	现存世界上最古老的石拱桥

· 预习探究作业（二选一）

① 结合史实，试以一种艺术类型为例说明外来文化是如何影响中国传统文化发展的。

② 结合史实，试以一国为例说明中国传统文化是如何辐射影响周边文明发展的。

（8）材料附录

材料一：舍本逐末，贤哲所非，日富岁贫，饥寒之渐，故商贾之事，阙而不录。花草之流，可以悦目，徒有春花，而无秋实，匹诸浮伪，盖不足存。

起自耕农，终于醯醢，资生之业，靡不毕书。要在安民，富而教之。

——北朝　贾思勰《齐民要术·序》

材料二：种豆南山下，草盛豆苗稀。晨兴理荒秽，带月荷锄归。

——东晋　陶渊明《归园田居》

材料三：洞房昨夜停红烛，待晓堂前拜舅姑。妆罢低声问夫婿，画眉深浅入时无。

——唐　朱庆馀《近试上张籍水部》

材料四：离离原上草，一岁一枯荣。野火烧不尽，春风吹又生。

——唐　白居易《赋得古原草送别》

米价方贵，居亦弗易。道得个语，居亦易矣。

——唐　张固《幽闲鼓吹》

材料五：世胄蹑高位，英俊沉下僚。

——西晋　左思《咏史》

材料六：空有篇章传海内，更无亲族在朝中。

——唐　杜荀鹤《投从叔补阙》

材料七：一曰身，体貌丰伟；二曰言，言辞辨证；三曰书，楷法遒美；四曰判，文理优长。

——《新唐书·卷三十五·选举志下》

材料八：初，法果每言，太祖明叡好道，即是当今如来，……谓人曰："能鸿道者人主也，我非拜天子，乃是礼佛耳。"

——《魏书·释老志》

有沙门十人伪撰《大云经》，表上之，盛言神皇受命之事。制颁于天下，令诸州各置大云寺，总度僧千人。

——《卷六·本纪第六·则天皇后》

材料九：清时有味是无能，闲爱孤云静爱僧。

——杜牧《将赴吴兴登乐游原一绝》

文宗皇帝尝语宰相曰："古者三人共食一农人，今加兵、佛，一农人乃为五人所食，其间吾民尤困于佛。"……武宗皇帝始即位，独奋怒曰："穷吾天下，佛也。"始去其山台野邑四万所。冠其徒几至十万人。后至会昌五年……天下寺至于屋基，耕而刉之。

佛炽害中国六百岁，生见圣人，一挥而几夷之，今不取其寺材立亭胜地，以彰圣人之功，使文士歌诗之，后必有指吾而骂者。

——杜牧《杭州新造南亭子记》

（9）教后反思

本课预期通过教学达成的目标：学生通过对不同类型史料的解读、判断，提取表层与深层信息，形成对时代特征的事实判断；通过对史料比较反映出的"矛盾""冲突"进行深度思考，能以更为宏观的视野结合时代背景与作者立场进行价值判断，使学生在问题探究过程中育成与提升历史判断力。教学过程也将以"示范—模仿—迁移"的实施路径逐步实现学生自我学习、自我反思的习得体验。

教学环节一通过对《齐民要术》序言的解读，品析贾思勰重农抑商的深层思想，进而引导学生联系、判断这一思想背后所反映的时代背景。从价值判断的角度，通过之前埋下伏笔的"重农抑商"，尤其是对"商贾之事，阙而不录"的重点解读与之后出示的材料内容形成"自相矛盾"而引发学生兴趣与深度思考，师生共同结合时代背景、作者立场就对立现象进行辩证统一的认识与判断。

教学环节二运用组诗的方式进行"推理式"的思考判断，剖析科举制度及当时流行的行卷制度的背景特征和影响，包括书法字体变化与其背后科技发展等因素之间的因果联系。从价值判断的角度，通过陶渊明选择田园生活的事例分析，行卷制度发展的"一波三折"最终被淡化不再使用的过程理解，学习运用社会存在决定社会意识，社会意识又会作用于社会存在的唯物史观来认识分析历史现象。

教学环节三通过两个开放性问题的讨论，从政治、经济、社会、思想文化等多个角度进行综合辨析，再次与本课的核心观点"社会存在决定社会意识"相联系。同时引导学生对儒学发展的时代特征有了更深层次的认知，也为之后理学的学习做好了铺垫。

教学环节四则是通过对石窟文化特别是其中佛教塑像的举例分析，引发学生自主寻找材料进行事实判断与价值判断的兴趣与方法指导，并进一步巩固前期教学中学生历史判断力养成的学习成果，也将是本节课对学生学习成效的直观反馈。

经过实际教学基本达成预期目标，但一些环节还有待改进。比如，关于事实判断层面的培养目标相对较易落实，但对于价值判断层面的目标达成仍有改进的空间。一方面学生在基础知识储备方面尚有缺憾，尤其是对时代背景的延展认知，这是落实跨单元教学目标的现实基础；另一方面唯物史观的培养落实实属难点，需要更多深入浅出、深入领悟的教学手段。鉴于课时有限，可对教学内容进一步优化，落实重点内容的同时尽可能给足学生实践体验的学习时间与空间，能更好地达成历史学科核心素养的培养目标。

第二节　研发判断力养成的选修课程

高中历史课程的必修、选择性必修和选修三类课程具有关联性、层次性和渐进性。依据学校的学生学习基础和多样化发展需求，可以自主研发个性化、针对性的课程内容。我们团队结合先期开展的历史阅读教学，相继研发了以主题式长文本阅读教学为主要形式的选修课程，进一步聚焦学生历史学科判断力的培养，探索历史学科核心素养落实的有效路径。

一、文本阅读是历史学习的基本要求

（一）培养学生全面发展的需要

2009 年和 2012 年，上海代表中国大陆两次参加经济合作与发展组织（OECD）组织的"国际学生测试项目"（PISA），均取得世界第一的优异成绩，充分反映了中国基础教育的发展成就。但若仔细分析测试情况，还是能发现基础教育中有待重视的一些问题。

学生阅读素养的欠缺就是其一。研究表明，中国学生的阅读测试分项指标

落后于其他发达国家，"在阅读认知策略上，上海学生在访问与检索上比较薄弱。在阅读文本类型上，连续性文本与非连续性文本成绩差异高达 25 分，学生的非连续性文本阅读能力欠佳①。在性别差异上，男女生阅读成绩分数差为 40 分，是东亚国家中性别差异最大的国家。在阅读参与度上，上海学生以在校学习时间最长取胜，家庭阅读参与度偏低。在阅读材料分类中，网上阅读活动中的指数低于测试平均水平。"②

历史学科作为一门人文学科，基于历史文本"能阅读、会理解、善提炼"是学好历史的基本要求，在历史教学中借助史料的阅读、解析、提炼等，可以提升学生对连续性文本的阅读能力。同时，借助数据、表格、图片等多类型阅读材料，可以提升学生对非连续性文本的阅读能力。这既是历史学科的育人优势，也是历史学科的育人职责。

（二）呼应历史课程改革的趋势

培养和提高学生历史学科核心素养是高中历史教学的目标，历史课程标准明确指出高中历史考核将多维度地创设试题情境，考查学生在新情境下如何解决问题，以检测和评价学生的历史学科核心素养的水平。③ 这一培养目标和考查要求无疑对历史教学提出了更高的要求。无论是学校课程设置、课堂教学形式，还是学生学习方式、学业评测手段等，都需要发生相应的变革，即从知识导向走向素养导向的巨大转变。

2019 年 9 月起，高中历史统编教材正式实施，对照课程标准的育人要求，多数一线教师感到教学课时紧、教学难度大。如何走出传统的教学和应考模式，准确领悟课标精神，有效实施统编教材，实现学科核心素养的落实？为此，团队发掘历史学科特点，凸显历史教育本质，以主题式长文本阅读教学为主要形式开展教学实践，探索在学科教学中有效育人的方法。

---

① 臧鹰.上海再夺 PISA 测评全球第一——数学、阅读、科学三个领域高水平学生比例世界最高［N］.东方教育时报，2013-12-04.

② 杨康.PISA 阅读测试对阅读教学的启示［J］.中学语文·大语文论坛，2017（9）：7-8.

③ 中华人民共和国教育部.普通高中历史课程标准（2017 年版 2020 年修订）［M］.北京：人民教育出版社，2020：59.

二、阅读教学助力历史学科判断力的培养

（一）紧扣主题的阅读教学

阅读教学要以课程标准为准则，主题选择要立足于教材、阐发于教材，以教材内容为基础，引荐相关课外内容为补充，从而深化学生对学习内容的理解，实现学生能力的提升和学科核心素养的落实。

1. 立足教材重点的主题阅读

历史教材是阅读教学中首选的基础文本，《中外历史纲要》的教材内容和学习栏目就为历史阅读教学提供了丰富的素材与思考点，教师可依据教学实际和学生学习基础，进行选用或者再设计。

以《中外历史纲要（上）》第一课"中华文明的起源与早期国家"为例，教材中"早期中华文明"学习主题具有内容复杂、时间跨度长、历史概念多等特点，课后"学习拓展"栏目中节选了考古学家苏秉琦《关于重建中国史前史的思考》一文中的话，并设计了思考题，要求学生"阅读这段话，查阅相关史前文化遗址的考古资料，考查其分布特点，就中华文明的多源性与统一性问题谈谈自己的认识"。[①] 教师可以将教材内容作为基础文本，结合"学习拓展"内容开展阅读教学，最后让学生以小组讨论或阅读笔记等形式进行学习交流。若是学生学习条件充分，教师也可以按照课程标准中"深化对中华民族多元一体发展趋势的认识"[②] 的学习要求，进一步给学生推荐苏秉琦的《中国文明起源新探》等书籍的若干章节及相关研究论文，或指导学生去图书馆、网络上查找相关的学习资料，进一步展开深入的学习。

2. 凸显关键能力的主题阅读

历史学科判断力是学习历史的关键能力，也是落实历史学科核心素养的有效抓手。以史料教学为例，史料文本的阅读、理解、辨析和评价是历史研究的基础，也是历史学科区别于其他学科的特点之一。历史课程标准中对"史料实

---

① 中华人民共和国教育部.中外历史纲要（上）［M］.北京：人民教育出版社，2019：8.
② 中华人民共和国教育部.普通高中历史课程标准（2017年版2020年修订）［M］.北京：人民教育出版社，2020：12-13.

证"的标准界定是"要形成对历史的正确、客观的认识,必须重视史料的搜集、整理和辨析,去伪存真"。[1]可见,以学生对史料文本的阅读为前提,对史料进行辨析、筛选、归类等,是学生判断力提升的过程,也是学生掌握史料实证方法,发展史料实证核心素养的过程。

在必修课程、选择性必修课程中,受限于课时、内容等因素,学生看到的史料大多是较为简短的,或被剪裁的,往往无法看到作者表述的来龙去脉,无法对整个文本作出全面、细致的考察,也就无法得出较为全面、准确的结论。历史教学中的这种窄化、套路化的阅读教学现象,使学生忽略了历史的复杂性,弱化了判断力的培养,进而限制了学生能力提升和学科核心素养培养的空间。相较而言,利用课外及选修课的历史长文本阅读教学,可以接力课堂教学的学生判断力培养,持续发展学生的历史学科核心素养。

例如,教师在教学中常会引用《史记·平准书》中的一段文字:"汉兴七十余年之间,国家无事,非遇水旱之灾,民则人给家足,都鄙廪庾皆满,而府库余货财。京师之钱累巨万,贯朽而不可校。太仓之粟陈陈相因,充溢露积於外,至腐败不可食。众庶街巷有马,阡陌之间成群,而乘字牝者傧而不得聚会。守闾阎者食粱肉,为吏者长子孙,居官者以为姓号。故人人自爱而重犯法,先行义而后绌耻辱焉。"这段话讲了汉武帝初年国家钱粮充足、百姓遵纪守法的社会局面,可用来论证文景之治的功绩,也可以说明汉武帝初期社会的繁荣,学生很容易得出汉武帝时期是西汉的盛世。但这段话的下文为:"当此之时,网疏而民富,役财骄溢,或至兼并豪党之徒,以武断於乡曲。"若是学生看完这一句,就能了解汉武盛世的另一面:豪族及公卿兼并土地、横行不法。将这两个方面结合起来,才是所谓"汉武盛世"比较完整的面相。若是让学生通读《史记·平准书》全文,就能了解司马迁所讲的汉武帝时期的财政状况与经济制度。所以说,通过长文本阅读,学生能够获取更为全面的信息、视角,能够看到作者论证的全过程,体悟并学习史料实证的方法,自圆其说的历史解释方法及"论从史

---

[1] 中华人民共和国教育部.普通高中历史课程标准(2017年版2020年修订)[M].北京:人民教育出版社,2020:5.

出"的原则，包括作者饱含的家国情怀。

不仅如此，围绕学习主题，教师可组织学生以小组为单位自行搜集史料开展学习，经过相关史料的搜集、提取、辨析、利用的过程，更加深入地理解学习内容。基于对搜集来的大量史料进行阅读、理解和辨析，学生学会整理、区分不同来源、不同类型、不同观点的史料，如"'原始资料'与'非原始资料''直接证据'与'间接证据''有意史料'与'无意史料'"等①；学会提取史料中的有效历史信息，从表层信息到深层信息，逐步深入；学会在提取史料的基础上，形成自己对历史的基本认知；能够利用所提取的历史信息来证明自己的观点，同时对不符合自己观点的史料进行科学的说明，即阐述舍弃的理由，如史料存在的立场、视角、价值观的问题及史料流传过程产生的谬误等。

3. 贯穿跨单元教学的主题阅读

《中外历史纲要》以通史的叙事框架共 24 个专题展现了中国和世界历史的基本过程，这些专题都可以是阅读教学的主题来源。另外，在跨单元教学中设计阅读环节，可以进一步拓宽学生观察历史进程的视角，在新问题情境下重构历史知识体系，实现历史学习能力的提升。

比如，围绕主题"上海变迁与城市精神"的跨单元教学，所涉内容关联《中外历史纲要（上）》第五、六、七、八、十等单元，"通过回顾近现代的上海变化引导学生分析不同时期上海的城市精神；对不同时期上海城市精神的比较，判析差异背后的深层次原因，进而得出时代与城市精神塑造之间的相互关系，同时认识到城市命运与国家息息相关；通过探寻和分享当代上海城市精神的典型事例，感悟上海城市精神的魅力，加深对家乡的喜爱之情"②。该主题教学开始前，教师向学生推荐阅读唐振常主编的《上海史》③中部分章节，在教学中也会适时补充相关内容以充实历史背景。最后，学生经过课内外相关内容

---

① 上海市教育委员会教学研究室.上海市高中历史学科基本要求（试验本）[M].上海：华东师范大学出版社，2017：107.

② 该"内容主旨"引自上海杨浦区市东中学谈佳珺老师《上海变迁与城市精神》活动课主题教学设计。

③ 唐振常.上海史[M].上海：上海人民出版社，1989：107.

的学习,以学习小组为单位,围绕主题以文字和演讲形式交流学习心得。贯穿于跨单元教学的主题阅读,既让课内外学习内容做到有机结合,有效推进教学进程,一定程度上缓解了课时有限、内容充实的矛盾,同时也让学生丰富与扎实了学习体验,在学科知识的输入、迁移和输出过程中形成、加深了自己对历史的认识。

(二)主题阅读的教学建议

阅读教学固然重要,但历史教师普遍感到在当前课时有限的情况下如何做到有效实施,即使实施了,如何能让学生做到读有所获?以下建议可供教师作为参考。

1. 融入长时段教学设计

日常教学中引用片段式史料或节选文本居多,由于受到史料截取者的视角、观点等影响,学生无法领略原文本的全貌及语境,无从形成自己较为全面客观的判断和认知,对于问题的认识可能也只是一知半解,这对学生学习能力的提升产生了影响,但长文本阅读教学的确存在实际操作的困难。相对而言,具有长时段教学特点的学习主题可以为长文本阅读教学提供可操作性,例如,在主题式跨单元教学中,教师就可依据主题内容将整本书或部分重要章节作为教材学习内容的补充、拓展。不仅如此,教师也可尝试打开学科界限,围绕同一主题实现不同学科的协作教学,实现教学资源、教学时间的整合,如语文学科的整本书阅读项目、学校的读书节活动等。

2. 以写作促进有效的阅读

如何让学生做到读有所获、读有所悟?如何又能了解学生是学有所获、学有所悟?表达所感、记录所悟应该是一种方式。如果说阅读是学习内容的输入,那么写作就是个人所感所悟的输出,可以展现个人阅读的思维过程,也是促进阅读的过程。

在教师指导下,围绕主题阅读的历史写作也是一种历史学习方式。第一,历史写作的资料引用要求来源科学、准确,对于网络资料、通俗读物、历史小说等要慎用或不用。第二,所引资料要遵循"孤证不立"的原则,依据高中生的学习实际和要求,至少为三则以上、互无关联的可靠史料,并能对不同史料进行分析、比对，为观点论证做好铺垫。第三，遵循"论从史出"原则，有一分材料说一分话①。能从多个角度加以论述，包括对不同见地的史料也能从史观、视角或史料运用方面作出原因分析。历史写作的成文过程，对学生而言是在深入理解文本、辨析文本的基础上，形成自己的观点并加以阐述的学习输出，这是对学习输入成效的可视化检测。

三、着眼于判断力培养的选修课程研发

选修课程既可以参照课程标准提供的学习模块开展教学，也可以与学校的教学特色、学生的个性化需求等相结合进行课程研发。选修课程作为学科课程的一个组成部分，遵循课程标准的要求，以学生学科核心素养的发展为目标，这始终是课程研发的宗旨。

（一）选修课程：《中外历史名著选读》

1. 课程目标

历史课程标准指出学科育人的指导思想是："以马克思列宁主义、毛泽东思想、邓小平理论、'三个代表'重要思想、科学发展观、习近平新时代中国特色社会主义思想为指导，深入贯彻党的十八大、十九大精神，落实全国教育大会精神，全面贯彻党的教育方针，落实立德树人根本任务，发展素质教育，推进教育公平，以社会主义核心价值观统领课程改革，着力提升课程思想性、科学性、时代性、系统性、指导性，推动人才培养模式的改革创新，培养德智体美劳全面发展的社会主义建设者和接班人。"②高中历史教学中所要坚持的正确思想导向和价值判断是："以唯物史观为指导，对人类历史发展进行科学的阐释，将正确的思想导向和价值判断融入对历史的叙述和评判中；要引领学生通过历史学习，认清历史发展规律，对历史与现实有全面、正确的认识，形成实事求是的科学态度以及正确的

---

① 欧阳哲生. 傅斯年全集（3）[M]. 长沙：湖南教育出版社，2003：10.（傅斯年的原文是："一分材料出一分货，十分材料出十分货，没有材料便不出货。"）

② 中华人民共和国教育部. 普通高中历史课程标准（2017年版2020年修订）[M]. 北京：人民教育出版社，2020：前言.

世界观、人生观、价值观和历史观；要增强学生的历史使命感，不断增强学生对伟大祖国的认同，对中华民族的认同，对中华文化的认同，对中国共产党的认同，对中国特色社会主义道路的认同；增强学生的世界意识，拓宽国际视野。"①

例如，《近代中国社会的新陈代谢》一书的教学目标为：感悟近代中国仁人志士的艰苦卓绝和不屈不挠的奋斗历程，了解并认同中华优秀文化传统、革命文化、社会主义先进文化，认识中华文明的历史价值和现实意义等，进而增强学生的认同感、责任意识等，坚定实现"中国梦"信念，从而培养学生的"家国情怀"核心素养。对民主、法治、权利、义务等具体的内涵和相互的关系，能够从理性上有初步的把握和理解。②

2. 阅读书籍的选荐

阅读书籍要视学生的实际学力、教学的实际情况进行选荐，旨在激发学生学习兴趣，起到与必修课程、选择性必修课程互为促进的作用。

高一阶段可以推荐在阅读和思想深度方面相对较小的名著，如《他们以为他们是自由的：1933—1945 年间的德国人》③；或者阅读篇幅不要太长、思维深度不是太艰深的名著，如《君主论》④；还可以是内容篇幅短、文字相对浅显，但作品或作者的专业地位较高的书。随着高一历史课程的逐步展开而予以荐读，如《古代的希腊和罗马》⑤《三国史话》⑥ 等。高二阶段则可以推荐篇幅较长些，但文字不必太艰涩、思想深度不算太大的历史名著，如《第二次世界大战战史》⑦；或者是阅读篇幅较短，但阅读难度有所提升、思想性较强的历史名著，如

① 中华人民共和国教育部.普通高中历史课程标准（2017 年版 2020 年修订）［M］.北京：人民教育出版社，2020：2.
② 该"教学目标"引自复旦大学附属中学叶朝良老师选修课《中外历史名著选读》的"课程简介"。
③ 迈耶.他们以为他们是自由的：1933—1945 年间的德国人［M］.王岽兴，张蓉，译.北京：商务印书馆，2013.
④ 马基雅维里.君主论［M］.潘汉典，译.北京：商务印书馆，1985.
⑤ 吴于廑.古代的希腊和罗马［M］.北京：生活·读书·新知三联书店，2012.
⑥ 吕思勉.三国史话［M］.北京：中华书局，2014.
⑦ 李德·哈特.第二次世界大战战史［M］.钮先钟，译.上海：上海人民出版社，2009.

《共产党宣言》①，基于同样的原则还可以推荐《政府论（下）》②《白话本国史》③等。进入高三年级，对于加试历史的学生而言，可以选荐一些在文本篇幅、内容深度方面有难度的历史名著，如钱穆的《国史大纲》④、陈旭麓的《近代中国社会的新陈代谢》⑤、樊树志的《国史概要》⑥等。

3. 学习素养的培养

① 阅读素养的提升

阅读教学中，无论是阅读文本的选荐，还是文本阅读的指导，都应是循序渐进的。文本阅读时，可以遵循从"关键词→关键句→段落→章节→全书""基于文本的阅读→围绕文本的阅读→超越文本的阅读"⑦的阅读顺序。具体地说，基于通读名著全书或部分重点章节后，依据教师或学生自己制作的阅读提纲，从字、词、句、段、节、章、篇等方面，层层深入地理解作者的意思表达，即"基于文本的阅读"；然后从作者的身份、写作背景、所持立场等角度分析作者的观点，即"围绕文本的阅读"；最后结合文本对当时和后世的影响，再次理解和分析文本，即"超越文本的阅读"。⑧其中，"基于文本的阅读"与"围绕文本的阅读"顺序可以互换，可以先了解作者，再去研读文本，也可以先研读文本内容，再去了解作者背景，最终都要进入"超越文本的阅读"。这种递进的阅读形式，符合历史认识论的规律，每次对文本细节的阅读、研判都是学生判断力培养的过程，也能够让学生理解文本的复杂性和历史认识的主观性。阅读会有助于写作，而写作也会促进阅读，两者能起到互促互进的作用。根据高中生的能力要求，可以遵循"读书笔记→读后感→小论文→综合论文"的写作能力培养进程，

---

① 马克思，恩格斯.共产党宣言［M］.中央马克思恩格斯列宁斯大林著作编译局，译.北京：人民出版社，2014.
② 洛克.政府论（下）［M］.叶启芳，瞿菊农，译.北京：商务印书馆，1964.
③ 吕思勉.白话本国史［M］.上海：上海古籍出版社，2005.
④ 钱穆.国史大纲［M］.北京：商务印书馆，1996.
⑤ 陈旭麓.近代中国社会的新陈代谢［M］.上海：上海人民出版社，1992.
⑥ 樊树志.国史概要［M］.上海：复旦大学出版社，2014.
⑦ 也可以是"围绕文本的阅读→基于文本的阅读→超越文本的阅读"这样的顺序。
⑧ 李峻.高中历史阅读与写作概论：以历史名著、历史影视作品和历史小说为重点［M］.上海：复旦大学出版社，2017.

实现历史学科核心素养的培养。

例如，阅读《近代中国社会的新陈代谢》中第一章节"漫长的盘旋"，可以抓住"漫长""盘旋"等关键词。以"漫长"为例，相关的关键句有："中国的封建社会是漫长的。漫长，是与西方相比所得的结论。就时间跨度而言，西方的封建社会，……前后一共 1164 年。在中国，……分别以这三个年份为起点，算到 1840 年，各自都在 2000 年以上，比西方多了一倍。……"[①] 然后，本章节各段落从近代（1640—1840 年）以英国为代表的西方和中国的表现，说明西方的日新月异，而中国清朝康乾盛世的繁荣也只是封建社会的重复。本章节引出了中国封建社会末期的社会"构造"，形成了第一章"漫长的封建社会"。第一章对理解全书至关重要，描绘了中国封建社会土地私有和买卖，官僚政治、宗族和行会、儒学的影响等具体状况。当师生通读全书后，再次回顾第一章，可以梳理出：经过近代中国约 80 年[②] 的发展，中国社会的结构哪些发生了变化？哪些没有变化？发生变化的原因是什么？没有变化的原因是什么？不同时代的仁人志士付出了哪些努力？哪些是成功的？为什么能够成功？哪些是失败的？为什么失败？等等。如此，从关键词出发到通览全书，再回到关键词、关键句及重点章节，能够对阅读的第一章有更为深刻的理解。

不管是先阅读《近代中国社会的新陈代谢》这一长文本，还是先阅读本书的前言、后记，或查找资料，了解作者的生平和成书情况（《近代中国社会的新陈代谢》一书是陈旭麓先生逝世后，由其研究生根据其生前上课笔记整理而成的）等，两种阅读相辅相成，都可以加深对本书各个章节的理解。为何本书只写了近代的前八十年，冯契先生在"序"中有说明，"旭麓原计划要写一百一十年，但天不假年，只留下了前八十年的讲稿"[③]。最后还可以查找相关资料，了解学者们对《近代中国社会的新陈代谢》一书的评价和研究等，进行"超越文本的阅读"。基于三种类型的阅读过程，教师可以引导学生做些章节阅读笔记，或写读后感，或把该书与同类书进行比较研究，也可以对书中的某些提法进行持续研究，甚至撰写以本

---

① 陈旭麓 . 近代中国社会的新陈代谢［M］. 上海：上海人民出版社，1992：1-2.

②《近代中国社会的新陈代谢》只写到 1919 年之前，原因见后文。

③ 陈旭麓 . 近代中国社会的新陈代谢［M］. 上海：上海人民出版社，1992：序 .

书为话题的历史小论文或篇幅较长的综合性论文。

② 史料实证素养的培养

史料实证是历史研究的基础，也是学科素养得以达成的必要途径。对照课程标准的要求，在高中历史教学中，推进历史名著、经典文献等文本阅读与写作教学，能更好地践行"史料的搜集、整理和辨析"及"去伪存真"，提升学生历史学科判断力的学科核心素养。

以马克思、恩格斯的《共产党宣言》的教学为例。《中外历史纲要（下）》第11课"马克思主义的诞生与传播"中有两段文字对《共产党宣言》作了概括和总结①，因而选课课程的教学可在内容扩展、论证过程、论证方法等方面加以延伸。如教材中写道：《共产党宣言》肯定了资本主义的历史进步作用，指出'资产阶级在它的不到一百年的阶级统治中所创造的生产力，比过去一切世代创造的全部生产力还要多，还要大'。"②对于这段表述，我们应在《共产党宣言》一书中找到详细论述，马克思到底讲了资本主义有哪些历史进步作用？资本主义创造了哪些生产力？……这些内容的补充，有利于学生对教材内容的深入理解，也是史料实证素养的培养过程，还能加深对历史叙述、文字概括等认识。

又如教材中写道："《共产党宣言》揭示了资本主义在积累财富和资本的同时对工人阶级的残酷剥削必将引起工人阶级反抗的社会现实，论证了资本主义必然灭亡、共产主义必然胜利的客观规律。"③关于此，《共产党宣言》一书中有大段的论证，阅读原著对学生来说是学习论证过程的一个很好的示范。教师在指导学生阅读时，要注意论证的逻辑性、论证中史料运用的合理性、文字表述的准确性等。

以上阅读实践属于"基于文本的阅读"，而对教材中另一段话的理解，就需要进入"超越文本的阅读"了。"《共产党宣言》第一次较为完整系统地阐述了科学社会主义的基本原理，阐明了社会发展的客观规律，标志着马克思主义的

---

①②③ 中华人民共和国教育部.中外历史纲要（下）[M].北京：人民教育出版社，2019：64.

诞生。"[1] 要理解"科学社会主义的基本原理""社会发展的客观规律"这些术语，以及解释为什么《共产党宣言》的发表标志着马克思主义的诞生，教师和学生就不能只停留在《共产党宣言》一书，而要查阅其他相关书籍才能理解这些专业术语，理解《共产党宣言》的瞬时效应和长期效应等。教师还可让学生选择其中一个术语或问题，完成学习笔记或小论文写作。这种基于教材内容、超越单一文本的阅读和写作，能给学生创建关联更多阅读书籍及资料、拓展问题思考的空间，学生的史料阅读、搜集、辨析能力及思维、写作能力等都会有不同程度的提升。

③ 历史解释素养的培养

"所有历史叙述在本质上都是对历史的解释，即便是对基本事实的陈述也包含了陈述者的主观认识。"[2] 通过历史名著、经典文献等文本阅读与写作实践，学生接触到更多的史料、更丰富的历史细节和更多元的历史表述等，学生在差异性的历史叙述中思考，学习不同作者的历史叙述方法，感受历史叙述和历史解释的主观性，领悟基于唯物史观的历史叙述和解释的科学性，进而对历史叙述和历史解释的现实合理性有了更深入的认识。

对学生而言，在广泛及专注的阅读基础上，辅之以读书笔记、历史小论文等写作实践，这个学习过程中所习得的能力，获得的智慧，会成为未来应对各种场景的关键能力与必备品格。对教师而言，这个教学过程，不仅能考查学生习得的历史知识水平、学科语言的掌握和组织能力等，还能在学生的叙述中考查其对历史认识的形成过程及评判历史事物的角度、立场和价值观等。教师在指导时还可以适时涵养学生的唯物史观、家国情怀等历史学科核心素养。

（二）选修课程：《历史上的判断与决策》

1. 课程目标

本课程依据高中历史课程标准，立足高中历史统编教材的相关内容，以中外历史上的重大历史决策、重要历史人物的评价及历史观点的质疑与建构为案

---

① 中华人民共和国教育部.中外历史纲要（下）［M］.北京：人民教育出版社，2019：64.

② 中华人民共和国教育部.普通高中历史课程标准（2017 年版 2020 年修订）［M］.北京：人民教育出版社，2020：5.

例，通过时序梳理与问题情境创设，引导学生以材料研读、自主思考、交流探讨等形式，在体验"如何学习""如何思考""如何阐述"的过程中领悟历史发展有其内在逻辑，历史是合力发展的结果；学会将人与事作为一个整体，从其内部矛盾的运动变化及各方面的相互联系中展开思考，辩证地、系统地去认识历史发展中的多因多果，并在符合逻辑的判断中形成自己的历史认识与评判，理解科学决策与判断背后的复杂因素及主客观条件。

2. 课程设计

本课程围绕中外历史上具有代表性或争议性的历史事件、历史人物、历史评价，结合历史书籍的相关章节阅读，每次围绕一个历史事件、历史人物或历史评价展开教学探讨。如"存与废——终结科举制的设计与思考"，联系阅读《科举：不只是考试》[1]；"李鸿章与甲午战争的失败"，联系阅读《甲午战争史》[2]《李鸿章传》[3]；"明治维新之路的选择辨析"，联系阅读《日本通史》[4]《岩波日本史·明治维新》[5]；"林肯是'伟大的解放者'吗"，联系阅读《烈火中的考验》[6]；"五四新文化时期的中西文化论战的意义"，联系阅读《近代中国社会的新陈代谢》[7]、杜亚泉的《静的文明与动的文明》、陈独秀的《敬告青年》《本志罪案之答辩书》等书籍与文章。

在教学过程中，教师围绕选择典型的历史事件或历史人物等为案例，设计问题链，与学生一起展开问题研讨，在师生互问互答、互相启发与深入研讨的过程中，丰富学生知识，拓展学生思维，培养学生的历史学科判断力。最后，学生以小组形式完成考核作业。结合具体的历史问题，以团队协作、个体自主思考相结合的形式，将课程学习中习得的全面、辩证、多层面观察和分析事物的方法进行实践运用，展现团队与个人科学合理决策的意识与能力。

① 李兵，刘海峰.科举：不只是考试［M］.上海：上海教育出版社，2018.
② 戚其章.甲午战争史［M］.上海：上海人民出版社，2014.
③ 梁启超.李鸿章传［M］.南京：江苏人民出版社，2020.
④ 冯玮.日本通史［M］.上海：上海社会科学院出版社，2008.
⑤ 田中彰.岩波日本史·明治维新［M］.张晶，马子兵，译.北京：新星出版社，2020.
⑥ 埃里克·方纳.烈火中的考验［M］.北京：商务印书馆，2017.
⑦ 陈旭麓.近代中国社会的新陈代谢［M］.上海：上海人民出版社，1992.

3. 课堂实践

以下就以"五四新文化时期中西文化论战的意义"一课的教学为例[①]：

（1）课前准备

教师提供学生课前阅读材料及学案（见表 3-9），阅读材料为陈独秀、杜亚泉论战的三篇文章及陈旭麓的《近代中国社会的新陈代谢》的第 18、19 章。学生在课前通读完材料，并对学案问题进行思考。

表 3-9　选修课"五四新文化时期中西文化论战的意义"的课前学案

	基于历史语境的史实还原	围绕历史语境的史识建构	超越历史语境的问题解决
提取	陈独秀和杜亚泉双方论战的焦点问题有哪些？各自的文化态度是什么？	陈独秀和杜亚泉的论战反映了文化发展中的什么本质问题？	在文化的古与今、中与外中如何抉择？怎样的文化态度才是理性的？
辨析	基于史料，时人对陈独秀的文化态度有何反应？	中西文化论战对时人产生了哪些影响？	尝试在 21 世纪信息化时代背景中分析中国传统文化的价值。
推理	陈独秀和杜亚泉否定对方的原因和论据是什么？	影响陈独秀和杜亚泉作出决策的历史因素有哪些？	为什么很多年轻人热衷于过"洋节"，却对中国传统节日兴致寥寥？
评判	基于史料，论战如何影响了 20 世纪初中国的时局变化和历史走向？	如何看待五四新文化运动时期中西文化论战的意义？	如何使中国传统文化更好地传承？

（2）课堂教学

本课例引导学生在探究五四新文化时期中西文化论战的意义中，重在拓宽思维，学会运用解决问题的工具。整个教学过程大致有四个环节：

第一环节"明晰史实"，学生明了探究的对象，即"中西文化论战的时空、核心人物、论战焦点、基本主张及其论据"。

第二环节"解释历史"，从"大环境"和"小人物"两个维度分析"新文化"主张者采取彻底否定中国传统文化、完全肯定西方文化的态度及其原因。关于

---

① 本案例节选自上海理工大学附属中学曹玲老师的课例。

"小人物"细节,教师补充了两份资料:一是唐宝林的《陈独秀全传》,根据目录纵览陈独秀个人经历,感悟其爱国、忧国情怀;二是电视剧《觉醒年代》中"陈独秀"的演说片段,理解其文化主张和态度之诉求。

第三环节"还原历史",从"时人反应""新文化是涓涓细流还是洪波巨浪""时局变化"等角度,综合分析《新青年》等刊物发行数量、读者回信、名人回忆等史证。

第四环节"解释评判",从"彼时"和"今日"两个时间维度,解释评判中西文化论战的意义。一方面,从热播剧《觉醒年代》的"青年说"、陈独秀父子关系转变等情节入手,引导学生在民国初年"救亡图存"的时代背景下,理解中西文化论战解放了广大青年思想与个性,激起了爱国热情,为新文化运动后期及五四运动期间马克思主义的传播、民主革命的转折助力。另一方面,思考当下人们探究这个问题的意义是什么。不仅是为了铭记、传承五四学人与青年之精神,也是为了引发我们思考在不同时空环境下何为理性的文化态度,引导学生认识文化在历时性中的传承与创新,在共时性中的多元发展与互鉴。

(三)课程反馈与改进

在课程实施中,依据学生学习表现、作业完成情况及问卷调研等,发现阅读教学对学生的历史学科判断力、学科核心素养发展的正向作用。综合多方反馈数据表明,课程学习后学生在阅读与分析文本、搜集整理史料、制作学习提纲、撰写历史小论文等方面都有了不同程度的能力提升。有学生在课程反馈中写道:"阅读历史教材上的一些名词时,如果其目的只是考试,那么背诵出来便万事大吉了。如果要深究其含义,了解其背景,甚至是挖掘其背后的潜台词与价值观引导,做真正的历史探索,单看书本是远远不够的。"说明学生对历史长文本阅读与写作有了直接的收获与感受,教师也能从学生的作业完成情况的细节比较上发现学生的变化与进步,这是学生历史学科判断力、历史学科核心素养发展的充分体现。

虽然历史长文本阅读教学有其必要性、有效性,但长文本阅读及写作对学生的时间、精力有一定要求,面对高中教学的实际情况,阅读教学的操作难度逐年增大。尽管长文本阅读教学无论是对学生的能力素养，还是学生的升学——包括纸笔测试、综评笔试和面试等都会有正向影响，但持续积累后的学习成效还需要师生的共同坚持。因而，如何更有效地激发学生的学习兴趣、优化教学实施过程仍须在实践中不断探索。

第三节　组织项目式的历史研学之旅

项目式学习是在真实而有意义的问题情境中，通过学生的自主探究和协作交流，在问题解决的过程中习得知识与技能，发展综合能力，这是不同于传统学科学习的综合性学习方式。采用项目式学习方式的历史教学，不仅能补充传统课堂教学未尽之事，在自主学习和合作学习相结合的背景下，还能让学生通过情境化历史问题的探究提升历史学科判断力，达到发展学科核心素养的目标。历史学科判断力是个人对历史或现实事件、问题作出独立分析、明辨是非的综合评判能力。相较于课堂教学的问题情境，研学考察、口述史访谈等项目式学习活动可以提供更为系统完整的综合性学习情境，有助于判断力的养成、核心素养的综合发展。

一、凸显历史学科判断力养成的研学考察活动

"读万卷书，行万里路"是古人的治学方式。史学家司马迁曾游历祖国名山大川，既开阔了人生视野，也为撰写《史记》积累了大量一手资料。他将实地考察搜集的资料与文献史料相印证，纠错补缺，成就了《史记》这一"史家之绝唱"。历史包罗万象、博大精深，远非几本历史教材所能罗书的，走出教室，进入更为广阔的社会课堂，方可在宇宙天地间感悟历史的魅力与智慧。2016 年 12 月，教育部等 11 部门《关于推进中小学生研学旅行的意见》明确指出："中小学生研学旅行是学校教育和校外教育衔接的创新形式，是教育教学

的重要内容，是综合实践育人的有效途径。"① 研学考察是在流动、实景课堂中的学习实践活动，不仅能为学生学习提供系统而真实的问题情境，而且有利于开展形式丰富的探究活动。正如钟启泉所言，核心素养不是直接由教师教出来的，而是在问题情境中借助问题解决的实践培育起来的②，历史判断力的培养也需要学生在实践中感悟习得。下面就以南京历史文化考察为例进行研学活动的介绍。③

（一）活动设计思路

研学活动作为综合性学习活动，可以与不同的学科相结合，从而形成具有跨学科特点的实践课程。研学活动虽是实践课程，仍应制定明确的研学目标，依据目标选择研学目的地，设计研学活动，并研制过程性和结果性评价方案。以学科核心素养为指引，聚焦历史判断力养成的历史研学活动，需引导学生以唯物史观为指导，聚焦时空观念、史料实证、历史解释等学科核心素养，学会从历史表象中发现问题，客观评判历史或现实生活中的问题。项目式历史研学活动设计思路如下：（见图 3-3 ）。

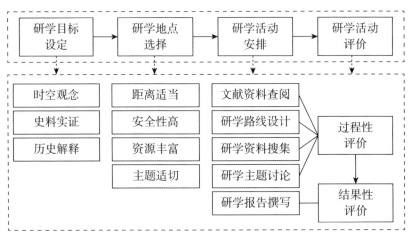

图 3-3 项目式历史研学活动设计思路

---

① 中华人民共和国教育部.中华人民共和国教育部等 11 部门关于推进中小学研学旅行的意见［EB/0L］.（2016-11-30）［2016-12-19］.http://www.gov.cn/xinwen/2016-12/19/content_5149947.htm.

② 钟启泉.基于核心素养的课程发展：挑战与课堂［J］.全球教育展望,2016（1）：9.

③ 本案例由同济大学第一附属中学陈新幻老师提供。

（二）研学活动的准备

研学活动绝对不是学习与旅行的简单叠加，而是基于研学目标有步骤开展的教育活动。由于是在真实的学习情境中，因此要考虑到学习过程中的复杂情形，做好充分的活动筹备以确保学习活动的顺利开展。

1. 选择研学目的地

都城史是高中历史学习中绕不开的一个话题。古代的都城，既是政治权力的中心城市，也是国家的象征，历朝政权都非常重视都城的选择与建设，中国历史上也出现了许多著名的都城。哪些是学生们最感兴趣的都城？为此，教师通过问卷调查列出了学生最感兴趣的前五位都城，分别是北京、西安、洛阳、南京、开封。综合考虑用时、距离、食宿、安全等多方面因素后，最终选择南京作为研学目的地，主要原因是南京距离上海较近，而且作为江苏的省会城市，交通、食宿较为便利；南京历史文化底蕴厚，研学资源丰富。

出行前，教师要求学生首先进行文献研究，较为充分地了解南京的历史文化。比如，南京是我国南北交汇之处，长期以来是南方的政治、经济、文化中心，在历史上具有特殊的地位和价值。南京又被誉为"江南佳丽地，金陵帝王州"，素有"六朝古都""十朝都会"之称，保留了丰富的历史文化遗产，有许多著名历史文化遗址。据此，师生共同确定了"南京十朝印记"的研学活动主题。通过先前的学习，教师要求学生以时间为轴，梳理南京在不同历史时空坐标中的重大事件（见图3-4），初步形成对南京历史发展的事实判断。

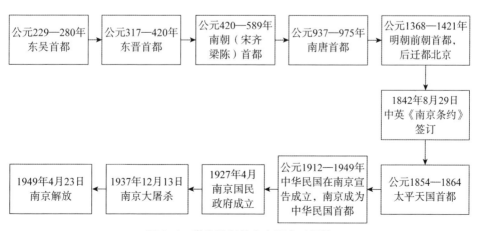

图3-4 学生绘制的南京历史时间轴

2. 制订研学目标

以目标引导学习活动，组织活动前教师制订并组织学生了解本次研学活动的学习目标（见表 3-10）。

表 3-10 "南京十朝印象"研学活动学习目标

判断力	事实判断		价值判断
核心素养	时空观念	史料实证	历史解释
总目标	1. 能够综合运用多种方式围绕研学主题查阅、搜集、鉴别、整理资料。 2. 能够根据已有资料或信息设计出科学合理的研学路线。 3. 能够通过分工合作设计问题链，有步骤地解答研学的核心问题。 4. 能够撰写并交流分享结构完整、史论结合的研学主题报告。		
分解目标	（1）能够在中国行政区域图上准确地定位南京；（2）能够查阅资料，梳理出不同时期南京所在的行政单位；（3）能够判断出建都南京的政权；（4）能够辨识南京在不同时期的名号，以及它们的特殊历史意义；（5）能够在叙述与南京有关的历史事件时选择恰当的名号；（6）对南京为何成为十朝古都的原因探究时，能够选择特定的具体的时空框架进行分析。	（1）能够区分有关南京都城史的不同史料类型；（2）能够综合运用文献搜索、档案检阅、遗址考察等多种渠道搜集与研学主题有关的史料，并从中提取有效的历史信息；（3）能够对所搜集的史料进行整理和辨析，并综合运用多则史料对所要探究的具体问题进行互证；（4）能够恰当地运用已经鉴别的资料对所探究的问题进行论述。	（1）能够分辨出关于研究问题的不同历史解释，并能够尝试从来源、性质和目的等多方面，说明导致这些不同解释的原因；（2）能够从地理、政治、经济、文化等多视角对"南京何以成为十朝都会"作出自己的解释；（3）在进行探究的时候，能够在尽可能占有史料的基础上，验证其他的说法或提出新的解释。

3. 查阅历史资料

正式出发前，学生在教师指导下以小组形式，分别查阅、研讨了南京在三国至南北朝、明前期、太平天国、南京国民政府四个历史时期的都城史。学生搜集与整理的相关资料如下（见表 3-11）：

表 3-11 学生小组查阅资料汇总

著作类	《建康实录》（六朝史料集，唐代许嵩撰）、《金陵古今图考》（明朝图志，明陈沂撰）、《白下琐言》（南京掌故笔记，清甘熙撰）、《中国古代都城制度史》（苏哲著）、《南京历代名号》（徐宁著）等

地方志	《金陵全书·甲编》（南京地方政府编撰）
论文	《从金陵到南京——千年古都的跌宕发展史》《城市理水与明南京都城营建》《南京的名号变迁》《南京城市历史文化景观时空演变及影响因素研究》《中国古都的多尺度地理空间》等
纪录片	《南京·十朝印记》《南京城》《天下文枢》《帝王古都》《民国屋檐下》《解码南京》等
诗歌	《入朝曲》（南朝谢朓）、《登金陵凤凰台》（唐朝李白）、《乌衣巷》（唐朝刘禹锡）、《七律·人民解放军占领南京》（毛泽东）等

查阅、整理、辨析资料是学生历史学科判断力的具体表现，研学活动的问题探究为学生的主动学习提供了契机和动力。虽然学生也能比较熟悉地运用便捷的网上搜索方式，但对于如何确定关键词、选择专业网站进行查阅等方面还是会遇到不少问题，尤其是如何提升研究资料的信度与效度还是需要教师的及时点拨和指导。

4. 设计研学路线

查阅资料后，各个小组进行研学路线的设计。经过整个团队的共同讨论、互评打分达成了最终的共识，这是有效调动学生了解南京不同历史文化遗址的环节，学生会充分调动掌握的各科知识，有理有据地对路线方案进行合理性、科学性的阐释说明。最后，团队选择的方案为：第一天南京长江大桥、玄武湖及六朝博物馆；第二天总统府旧址、江南贡院及夫子庙；第三天明故宫遗址和南京博物院；第四天明孝陵和中山陵。整个路线设计以历史文化类为主，兼顾学习内容、交通规划和食宿等因素，在地点、距离、时间方面作出了综合考量，研学路线的规划也充分体现了学生综合研判、决策的能力，这是解决现实情境问题的判断力。

（三）研学活动的实施

围绕主题开展的项目式研学活动可以有两种方式：一是依据具体研学点开展活动，二是围绕核心问题，设计环环相扣的活动问题链开展活动。当然也可视具体情况综合两种方式开展活动。

1. 讲述南京的名号故事

根据《南京历代名号》一书的统计，历史上南京的名号一共有 70 多个。南京名号之多折射出南京的多张历史面孔。在上海前往南京的研学途中，各小组代表根据先前查阅的资料讲述了南京不同时期名号背后的故事，如冶城、越城、金陵、秣陵、建康、石头城、扬州、建业、白门……这些都是南京曾经用过的名号。通过学生对南京名号变迁的学习，有助于全面深入地了解南京。学生能够在叙述南京不同时期的历史事件或现象时选择恰当的名号表达，更能让学生理解南京重要的历史地位。

2. 介绍南京历史文化遗址

南京研学期间，由学生根据课内所学及事先查阅的资料对研学点的历史文化进行介绍，并在结束后整理为解说稿，作为研学活动的过程性记录，为学习评价提供依据。从撰写解说词到实地讲解，能让学生将所学应用到现实情境之中。为了完成学习任务，学生不仅要查阅相关资料，还要对资料进行甄别、整合，并学会运用学科语言进行撰写和用准确且生动的语言进行表达。

3. 研讨南京成为十朝古都的原因

研学过程中还会安排一些讨论活动，一般是安排在晚餐后展开专题讨论，每次讨论会由研学课题负责人主持。以下为节选的研讨实录：

主持人：我们知道南京被称为"六朝古都"和"十朝都会"。"六朝古都"是指南京曾作为东吴、东晋和宋、齐、梁、陈六个政权的都城。"十朝都会"是在六朝的基础上，再加上后来定都南京的四个政权，他们分别是南唐、明、太平天国、中华民国。下面请大家根据查阅的资料以及在南京各历史文化景点的所见所闻，谈谈南京有哪些有利的建都因素。

学生 1：我们知道有个成语叫"虎踞龙盘"，南京就是被称为虎踞龙盘之地。南京位于长江南面，所以能够利用长江的优势来阻挡进攻。南京的东面是冈峦绵延的钟山，像一条盘伏着的巨龙，南京西边是巍然屹立的石城，像一踞坐着的猛虎。据说诸葛亮曾只身一人亲赴东吴，途径清凉山（今南京市鼓楼区）一带时举目瞭望，然后赞叹道："钟阜龙盘，石城虎踞，真帝王之宅也。"南朝的谢朓在其《入朝曲》中亦称南京为"江南佳丽地，金陵帝王州"。古代帝王都很看重风水，南京的地形是建都的优势。

学生2：我觉得南京建都的优势不仅仅在于南京城的地形特点，还在于它在整个中国的坐标位置。南京位于中国南北连线的中心点，自古就是沟通大江南北的要津。因此，南京素有"东南门户、南北咽喉"之称。

学生3：我觉得明朝建都南京应该有很重要的经济原因，两宋后我国的经济重心已经完成南移。我查阅到明孝宗时期文渊阁大学士丘濬的精辟论述，他说"盖天下财赋出于东南，而金陵为其会"。所以，即使明成祖迁都北京后，仍然把南京作为留都。由此可见，经济优势是建都南京的重要因素。

学生4：你这个解释不能说明南京是六朝时期都城的优势吧，六朝时期虽然南方经济得到开放，但是经济重心可还在北方呢。

学生5：六朝本来就不是统一的政权，在他们的统治范围内，南京是首选都城之地。

学生6：我觉得我们在分析的时候可能没有考虑到一个王朝建立时的具体历史情境，历朝的政权建立者未必有机会像我们今天一样围坐一起来讨论到底选哪个地方作为都城，可能是形势所迫，并未过多考虑。

学生7：你说的有一定道理，南京之所以成为六朝都城，一个很重要的原因就是东晋和后面的宋、齐、梁、陈四个政权本身就是前后相继的关系。所以，我们要重点考虑的问题是为何东晋建都南京。

学生8：大家有没有发现，建都南京的政权存在的时间都不长，这是为什么呢？

学生9：这个问题，我查阅到史学家吕思勉先生探讨过。他认为，六朝定都南京后，始终未能进取北方、统一全国，有人认为定都南京不足以王天下，这种意见太偏重地理。其实南朝偏安一隅，主因在于兵力不足。当时的兵力，南长于水，北长于陆，水军之力主要在于防守和局部进攻，如果要夺取中原，就非要靠优良的陆军做一两次决定胜负的大战不可。吕思勉还指出，天下之重，在于财力，在于文化，而不单单在于兵事。

学生10：从文化上来讲，南京也是有优势的，我们从江南贡院就可以窥测一二了。江南贡院从南宋就开始兴建了，这也反映了当时经济重心的南移。据统计，江南贡院先后出了800多名状元、10万多名进士、上百万名举人。我们熟知的明清两代名人，如唐伯虎、郑板桥、吴敬梓、施耐庵、张謇、陈独秀等都是出自于江南贡院，南京文化的昌盛大家可想而知……

主持人：大家的讨论非常精彩，请各小组整理好讨论纪要，认真撰写研学主题报告。

身处南京的真实感以及所见所闻让学生对南京有了更加全面直观的认识。从学生的对话中，可以发现学生能从不同视角对建都南京的原因进行分析，或引经据典，或综合运用跨学科知识来论证自己的观点，而且能有意识地将其置于特定的历史时空背景下，充分意识到历史问题的复杂性：从自然地理位置的角度看，南京从古至今是不变的，但其政治、经济、文化地位则会因时因势而变。

（四）研学活动的评价

研学活动的学习评价不同于日常教学的知识与能力检测，要以学生发现问题、解决问题的过程性表现，以学生的综合能力与素养的发展变化作为评价依据。对于研学活动等实践类学习活动，可以采用过程性评价与结果性评价相结合的方式。研学活动评价可以参考如下设计（见表3-12）：

表3-12 "南京十朝印记"研学活动评价表

类型	指标	分值	自评	互评	师评	总分
过程性评价	能够通过调查、考察、访谈、网络搜索等途径收集资料	10				
	能够对收集的信息或资料进行初步分类、鉴别和整理	10				
	能够根据研学主题科学合理地设计研学旅行路线	10				
	能够积极主动地解决研学旅行过程中出现的各种突发性问题	5				
	能够综合运用历史、语文、地理等跨学科知识展开探究	5				
	能够积极参与研学旅游历史文化景点的介绍与讲解	10				
	能够积极表达自己的观点并参与小组交流与合作	10				
	能够坚持按时撰写研学旅行日记或美篇	5				

（续表）

类型	指标	分值	自评	互评	师评	总分
结果性评价	能够掌握探究研学旅行主题的方法和技巧	5				
	能够积极主动地与其他人交流研学活动计划或发现的成果	5				
	能够撰写结构完整、观点明确、论证充分、亮点突出的研学报告	10				
	能够借助各种平台或软件充分展示研学旅行活动的成果	10				
	能够撰写比较客观深刻的研学旅行反思总结	5				

孔子说："知者不惑，仁者不忧，勇者不惧。"如何才能不惑？中国近代思想家、改革家梁启超认为：最要紧的是养成判断力，而判断力的养成有三步：第一步，最少须有相当的常识，进一步，对于自己要做的事须有专门智识，再进一步，还要有遇事能断的智慧。可见，"常识"的掌握与"专门智识"的习得在传统课堂中都能较好地完成，但"遇事能断的智慧"需要在真实的情境中方可慢慢地历练提升，而研学就是创造真实情境的有效方式。研学集体验式学习、探究性学习、合作式学习于一体，实现了学生的"学、思、行"有机结合，引领学生在真实的情境之中感悟、判断、思考、探究，是提升学生判断力的第二课堂。学生在研学日记中写道："这的确是一次不同寻常的远足，以往的考察是增加了我的手机内存，我往往是走马观花拍照留念，而这次研学不仅开阔了我的视野，丰富了我的历史知识，更让我在行走中体会了学习历史的价值，让我学会了如何将书本知识与现实生活有机融合，希望日后有更多研学的机会。"

二、关注历史学科判断力养成的口述史访谈活动

课改以来，历史教学在不断拓展学习方式，探索"第二课堂"的教学价值。口述史访谈活动就是与课内教学可做结合的一种尝试。口述史访谈的方式，学生在自主探究中激发兴趣、提升思维能力；沉浸式学习形式，学生置身于历史

情境,与被访者同感共情,达成知情意行的合一。

(一)活动设计思路 [①]

口述史访谈活动有着非常重要的教育价值。

首先,亲历访谈是学生近距离感触历史的机会,记录被访者的陈述能给学生更强的参与感。学生在亲历访谈中理解人民群众是历史的创造者,懂得史学著作往往聚焦于杰出人物,但口述史能切实感受普通民众的历史记忆,这是史料的重要补充。

其次,亲历访谈有助于培养学生学科核心素养。学生要结合特定的时空背景设计问题,推进访谈互答,从而形成正确的历史认识和理解,这是培养学生史料实证素养的过程;访谈资料的搜集、辨析和信息提炼,这是培养学生史料实证素养的过程;访谈过程中能有逻辑地表述,作出合理的推断等,这是培养学生历史解释素养的过程;访谈过程中与被访者在互答中形成情感的互动,感同身受的情境感是培养学生家国情怀素养的过程。

再者,访谈活动是搜集史料的一种方式。受访者的叙述具有主观性,学生在史料互证的基础上,需要有自己的独立思考、准确辨析才能更接近历史真相,这是学生开展事实判断与价值判断的学习过程。(见图3-5)

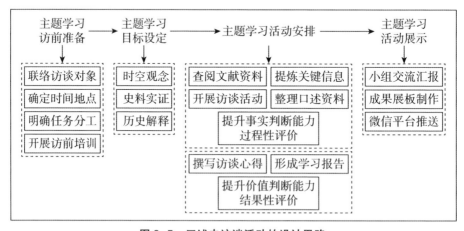

图3-5 口述史访谈活动的设计思路

---

① 本案例由同济大学第一附属中学王康茜老师提供。

（二）活动实施路径

以《中外历史纲要（上）》第八单元"中华民族的抗日战争和人民解放战争"的单元教学为例。本单元的学习，旨在引导学生"了解日本军国主义的侵华罪行；了解正面战场和敌后战场的抗战，认识中国共产党是全民族团结抗战的中流砥柱；认识中国战场是世界反法西斯战争的东方主战场，理解 14 年抗战胜利在中华民族伟大复兴中的历史意义；了解全面内战的爆发及人民解放战争的进程，分析国民党政权在大陆统治灭亡的原因，探讨中国共产党领导人民取得中国革命胜利的原因和意义"。[①] 本单元由"抗日战争"和"解放战争"两部分内容组成，抗日战争开辟了中华民族伟大复兴的光明前景，解放战争则开启了中华民族伟大复兴的新纪元。随着历史车轮的转动，事件亲历者的声音愈发珍贵，近现代史研究中口述史尤为重要，"为历史留证言，为民族存记忆，为后代树标识"。现在高一学生都为 00 后，身边祖辈或有战争亲历者，这为口述史访谈提供了条件。

1. 制订活动计划

学习的本质是以学生为中心，学生直接参与活动的全过程：从搜集信息、制订计划、细化步骤、资料整理到学习评价。活动前，学生搜集背景资料，确定活动主题，制订访谈计划，做好前期准备工作。经过集体研讨，学生将主题确定为"硝烟中的坚守：抗日战争的记忆"，并制订了活动计划。为确定访谈对象，学生开始从身边的家庭关系、社会资源中展开细致排摸，终于获得相关部门支持前往华东医院访谈抗战老兵 A。

2. 做好访前培训

为充分发挥口述史访谈活动的教育价值，访前进行了相关培训，一是技术培训。访谈活动对访谈者是否能准确留存信息有一定要求，为了尽可能地完整记录访谈的过程性资料，访谈前需要教师指导学生熟悉相关仪器设备的使用，学会及时捕捉关键信息。二是方法培训。虽然已准备了访谈提纲，但访谈是个动态过程，难免会出现预设以外的情况。如何进行应变、把握访谈方向等，这

---

① 中华人民共和国教育部. 中外历史纲要（上）［M］.北京：人民教育出版社 .2019：132.

不仅需要对访谈者做足功课，还要充分熟悉预设问题，并提供一些应变突发情况的访谈技巧。三是分工协作。访谈前，教师要协助团队成员明确分工。一般情况，访谈组成员一般包含主访者、记录者、录音或录像者、资料整理者等。每位成员要明确工作要求，熟悉工作流程，提前做好资料准备工作，如访谈稿、进度表、汇总表等，教师要做好过程性的指导。

3. 确定学习目标

访谈前，师生经过共同讨论确定了学习总目标，并作了相应的目标细化。（见表3-13）

表3-13　口述史访谈活动学习目标

判断力	事实判断		价值判断
核心素养	时空观念	史料实证	历史解释
总目标	1. 能运用多种手段围绕访谈主题搜集、鉴别、分析、整理相关的历史背景资料与个人资料； 2. 能根据搜集的史料提炼信息并概述人物生平小传； 3. 能通过小组讨论设计一份基于问题链的人物访谈稿； 4. 能撰写并交流访谈心得，分享结构完整、史论结合的研究性学习报告。		
分解目标	（1）能基于文献资料、影像资料等梳理抗日战争大事年表；（2）能查阅并提取资料信息，依时间线索梳理对象生平中的重要事件，尤其关注与访谈主题相关部分；（3）能大致知道访谈对象参与抗日战争的时间与关键战役的发生地点，能在地图上识别访谈对象的抗战历程。	（1）能区分历史资料的史料类型；（2）能综合运用文献研究、实地考察、口述访谈等多种渠道搜集、研究与主题相关的史料，并从中提取有效历史信息；（3）能对搜集的史料进行整理和辨析，并能综合运用多则史料对具体问题进行互证；（4）能恰当地运用经鉴别的史料对所探究主题进行具体论述。	（1）能辨析关于研究内容的历史解释，并能尝试从史料来源、性质和目的等角度，说明导致不同解释的原因；（2）能从政治、经济、军事、思想文化等视角对"中国共产党为何能领导人民夺取抗日战争的胜利"提出自己的解释；（3）能在尽可能占有史料的基础上，在访谈对象提出的历史解释外，验证其他的历史解释或尝试提出新解释。

4. 记录访谈资料

本次采访地点是华东医院病房，访谈对象老兵A于1941年5月参加抗战，1942年3月正式加入中国共产党，亲历了抗日战争。这是一位精神矍铄的老

— 104 —

者,思路敏捷,他的娓娓道来让访谈组一起走进了那个战火硝烟的年代。

根据口述史资料整理要求,访谈组对采访资料作了细致整理,以下是节选的部分访谈记录。

问题1:是什么契机让您决定加入中国共产党?您又是何时开始参与新四军财税工作的?

老兵A:我家当时很穷,日军来了以后整个城市沦陷了,我就和其他人一起辗转逃难到了农村。可是当时农村生计也难以维持,我不得不想个法子谋个生计。后来经人介绍,我就跟着学做了些税务工作,积累了些经验。当时处处都流传着"国民党是为资产阶级服务的,而共产党是为老百姓服务的",我们在实际生活中也确实感受到了共产党员的无私。当时我的领导也是共产党员,他鼓励我们这些下属也能够参加共产党。我一想到共产党是为人民群众服务的,我就毫不犹豫地选择成为共产党员,为党、为国家、为人民作贡献。后来抗日战争爆发了,我就跟着领导一起投身革命,从事新四军的财税工作。

问题2:抗日战争时期您从事财税工作是不是感到非常危险?您所在部队和日军有过正面交锋吗?

老兵A:我具体参与财税工作的时候正是抗战最激烈的时候,当时日伪军围击了苏北重镇盐城,妄图一举摧毁新四军军部。当时枪林弹雨,我的工作岗位也是流动的,环境比较艰苦。我们有时不仅需要和敌人一起争夺税源,还要配合作战,时刻面临着危险。

我们财税人员不同于其他作战人员,一般情况下不用与日军正面交锋。因为从事的是后方工作,我们分队往往只有几个人,多则也才十几人,外出时也是两三人一个小分队,甚至是自己单枪匹马,稍有不慎就会被敌人发现。日军也十分重视财税,时刻想要掠夺,所以九死一生的情况时常会发生。我们身上虽然配备了自卫武器,有时也有枪,但大多数都只有几枚手榴弹。我们在后方也时时受到日伪特务的骚扰,在这样的情况下,我早已做好心理准备,随时随地准备牺牲。

问题3:抗战时期对您来说印象最深刻的事能与我们说一下吗?

老兵A:1943年的夏季,我们遇到了日军的大扫荡。那时我所在分队和敌军驻地仅相隔着淮湖。那天来了一群穿着便衣的日军，我方还没察觉就被日军包围了。那时我正在开会，但我的四位战友都被日军包围了。我的三位战友还没来得及掏枪就牺牲了，还有一位战友被抓了，日军试图乘船渡过淮湖带回到对面的敌营。好在我的这位战友很机智，渡河时果断跳入湖中，敌人虽然对着湖面连放了几枪但都未击中，他才得以逃生。面对敌军的重重包围，我们和警卫一起奋力突围，与敌军展开了厮杀，最后我身上只剩下了一枚手榴弹。本来我已经打算和日本鬼子一起同归于尽的，恰好有位老红军路过发现了奄奄一息的我，将我带回了根据地，我这才活了下来。不过我早有打算，就算是牺牲了，也要多杀几个日本鬼子才够本！

问题 4：日本无条件投降后，您还在继续从事财税工作吗？抗战的那段经历您有怎样的体会？

老兵 A：1945 年，日军投降后，伪军第四军还盘踞在盐城不肯投降。10 月 31 日，苏中军区部队发动了盐城战役，激战两周歼敌 3600 人，伪军第四军军长赵云祥终于率部投降。虽然财税人员属于后勤部门，但在部队一直很受重视。我也一直认真努力地完成工作，为新四军的供给尽自己的一份力。面对上级指示，我总能在最短时间内把资金迅速调集到位，谢司令员曾当面夸奖我说："很好，很及时，你的工作我十分满意。"这句赞赏是对我多年来抗战工作的最大肯定，时至今日我依旧深深铭记在心。抗战结束后，我还继续从事着财税工作，回想一下，我一生中最难忘的就是参加抗战时的这段记忆。

5. 撰写学习心得

活动结束后，教师指导学生及时做好资料整理和学习报告的填写，并进行了小组交流，还将学习成果通过宣传展板、微信公众号等渠道作了推广，让大家分享。节选部分学生的学习心得如下：

学生 A：虽然老先生参加的是部队后勤部门——财税工作，但工作环境十分艰苦，处处充满危险。尽管随时面临着牺牲，但他从未退缩，而是选择不惜以生命为代价，也要坚守自己身为一位共产党员、一个中国人的坚定信念：始终要坚持为人民服务，要将日本侵略者彻底赶出中国！正是在这样的信念支持下，他和千千万万的中国人一起，用血与泪筑起了中华民族"新的长城"，将气焰嚣张的日本侵略者赶出了中国。这样的意志和精神，值得我们青年人钦佩和学习，我们要传承好红色基因！

学生B：为什么在时隔70余年后我们还要纪念这段被尘封的血色历史？正是因为这段历史本身的特殊意义。为什么武器精良、气焰嚣张的日本失败了，为什么武器落后的中国人能够获得最终胜利？除了中国人团结一致的信念，是否还有其他因素？这些都值得我们好好研究。"前事不忘后事之师"，只有了解历史才能汲取教训，总结经验，避免战争的再次发生，才能永远保卫家国和平。70余年的岁月匆匆而逝，那段满是血泪的战争岁月似乎已离我们远去，但我们却永远不能忘却这段历史，它会激励着我们每一个中华儿女时刻牢记："不忘国耻，振兴中华！"

（三）学习活动评价

口述史访谈活动的评价设计包括过程性评价和结果性评价两个方面，以学生自评、小组互评、教师评价的方式进行，教师、学生都是评价参与者。评价项目包括活动计划制定、资料收集整理、团队协作表现、学习报告完成情况等。本次活动的学习评价表如下（见表3-14）：

表3-14 口述史访谈活动学习评价表

类型	指标	分值	自评	互评	师评	总分
过程性评价	能够通过调查、访谈、网络搜索、文献整理等途径收集资料	10				
	能够对收集的信息或资料进行初步分类、鉴别真伪和简单整理	10				
	能够根据学习主题科学合理地设计口述访谈计划	10				
	能够配合组员积极主动解决口述访谈过程中出现的各种突发性问题	5				
	能够综合运用历史、语文、地理等跨学科知识展开探究	5				
	能够按照小组分工认真参与口述访谈学习活动	10				
	能够积极表达自己的观点并认真参与小组探究、交流研讨	10				
	能够及时撰写口述访谈活动心得	5				

（续表）

类型	指标	分值	自评	互评	师评	总分
结果性评价	能够掌握探究口述访谈的研究方法和访谈技巧	5				
	能够积极主动地与其他人交流学习计划或学习成果	5				
	能够撰写结构完整、观点明确、论证充分、格式规范的学习报告	10				
	能够借助各种线上平台与线下课堂充分展示口述访谈活动的成果	10				
	能够结合生活实际撰写体现个人见解的口述访谈学习总结	5				
建议					总分	

三、项目式学习活动的实施策略

（一）提升学生参与学习的主动性

项目式学习活动要激发学生的自主学习，必须要创建真实的学习情境。构建的真实情境既要和学习内容所体现的主旨有关，又要在学习逻辑上把握学生的认知心理和认知规律，从而做到使学习内容和主体学习者之间产生同频共振，激发起学习者对学习内容进行探究的主观能动性，进而形成学习过程中的价值观念，产生学科感情。[①] 因此学习活动要收获良好成效，教师就要充分激发学生参与学习的主动性。例如研究主题的确立，可以从学生兴趣出发，由学生参与讨论，教师从旁指导；学习活动的准备，可以学生自主设计、规划为主，教师从旁协助，这会让学生有较高的参与热情。

（二）以学科大概念统领学习

基于学科的项目式学习可以学科大概念为统领，能使学习目标有中心、学习活动扣中心。学科大概念是学习活动的灵魂，"用少数的核心概念来整合学科内容中零散的概念，围绕核心概念组织历史学科的知识并建构完整的概念体

---

① 楼建军，赵然.历史学科项目式学习出现的问题与改进建议［J］.历史教学问题，2021
（2）：141.

系"①，它具有上位性、统摄性和迁移性。比如，"南京十朝印记"研学活动，围绕"都城"这一历史大概念来学习考察南京的历史变迁，透过对南京建都因素分析这一小切口来探讨影响建都的政治、经济、文化和自然环境等各项因素，形成对南京历史脉络的事实判断和历史建都的价值判断。又如，在口述史访谈活动中，学生不仅要学会搜集、辨析、提炼、整理资料，还要通过口述访谈从政治、经济、思想、文化、军事等多视角对"中国共产党为何能领导人民夺取抗日战争的胜利"提出自己的解释，基于资料对各种解释提出自己的阐述。围绕历史大概念进行活动设计和实践，才能聚焦核心问题，推进学生对历史问题的深度思考，实现深度学习。

（三）做好学习活动的保障工作

高中历史统编教材中设置了活动课板块，但目前一线教师感到在实践操作上存在课时等多方面的困难。对此，学科教学着眼于学期、学年的长时段规划，联动校本实践课程进行内容整合，这是确保学习实践活动的可行思路。历史学科教师可以在学期、学年进行教学规划时，依据学情、学习内容等进行课时调整，也可以利用寒暑假期开展学习实践活动。除了课时保障，实践类学习活动还需要设备、经费的支持，因此学科教师要充分挖掘学科特色，与高中学生的研究性学习活动、主题教育活动等进行内容整合，以此获得学校及相关部门更多的资源支持。

（四）做好学习活动的过程性指导

在项目式学习活动中，教师需以管理者、指导者、观察者、合作者等多重身份做好全程监控与指导。项目式学习活动有别于常规课堂教学，学生会有一种全新的学习体验，尤其是首次参与项目式学习活动的学生，更需要教师的及时提示与指导。整个活动过程，教师要与学生一同制订计划、设置任务，师生是活动的共同策划者；教师要及时为学生答疑解惑，督促进度，提供反馈促进学习改进，做活动的重要指导者；教师还要做到能进能退，到位而不越位，做活动的专业观察者。

---

① 楼建军，赵然.历史学科项目式学习出现的问题与改进建议［J］.历史教学问题，2021（2）：142.

学生能力与素养的达成是一个循序渐进的过程。面对教与学的变革，教师要准确识变、主动求变，以适应国家人才培养和学生成长发展的需求。项目式学习与课堂教学形成了互证互补，让历史学习更有趣味性，更具实践性，也更有深度。积极贯彻历史学科"立德树人"的育人目标，探索培育学科核心素养的新途径、新方法，还需要更多的努力与尝试。

第四节　聚焦判断力的跨校联合活动

相较于课堂教学的片段化情境或问题，创设综合性学习情境更利于培养学生的历史学科判断力和学科核心素养。高中课程方案要求学生在高中三年完成6学分的研究性学习，建议完成两个课题研究或项目设计[①]，旨在让学生能学以致用、学用结合。因而，组织学生开展历史课题研究就不失为一项集学科探究、拓展和实践于一体的综合性学习活动。

自 2015 年开始，复旦大学附属中学历史教研组定期在全市范围内组织"博学杯"历史人文素养展示活动，活动围绕一个历史大概念组织学生进行课题研究，由学生自行选择主题，经过主题阅读、实践探究等研究过程，最后以课题报告的形式分享研究心得，启迪智慧灵感。

一、大概念下历史学习活动的选题

"博学杯"每届都会围绕一个历史大概念开展活动，如"第二次世界大战的历史反思"（2015 年）、"中国近代历史上的个人：行为、作用和影响"（2016年）、"寻踪：上海历史文化地图"（2017 年）、"科技与全球史"（2018 年）、"国

---

① 中华人民共和国教育部. 普通高中历史课程标准（2017 年版 2020 年修订）[M]. 北京：人民教育出版社，2020：6.

家记忆"（2019 年）等，需要学生根据自己的理解选取一个侧面或者微观视角为主题，以小见大阐述自己的观点。虽然说，专家对大概念会进行基本阐释，这能为学生提供选题的思路、发挥的空间，但对于未经过专业史学训练的中学生来说，要选取一个能驾驭且能展开叙述的主题并非易事，因而选题过程也是学生判断力的培养过程。

选题是开启研究的关键一步，是为研究方向来定位，恰当的选题能充分调动学生的主动性和积极性，也能给予他们更大的发挥空间。由于受到视野的局限，学生的选题常会出现无题可选、扎堆研究、过度求异的现象。那么，如何来选题呢？历史学家严耕望说过"研究历史，首要是选择问题。"教师可以尝试从以下几个角度指导学生进行选题思考。

（一）从兴趣出发酝酿适切选题

一般来讲，历史认识会经历一个由表及里的过程，教师可依据自己的学科领悟，创设具有"历史味"的学习问题，激发学生的学习兴趣与探究欲望。因此，有兴趣、想探究是选题的重要前提。

比如，在学习第二次鸦片战争的过程中，有学生对西方人眼中的叶名琛产生了兴趣，想要撰写一篇关于他的研究文章。这时教师可以鼓励学生尝试查找一些原始资料进行研究，而不是大量转述一些专业学术论文的研究观点。如果要了解一个历史人物，不仅是尽可能查阅原始史料，还要将人物置于当时的情境中进行查看，而不是在他人的研究结论中先入为主。从学生的学习兴趣出发，由此产生的研究问题是选题的一个思路。

又如，学生在参加模拟联合国社团活动时，了解到广播电台是国家对外宣传、传递国家意志的重要宣传工具，由此产生了研究兴趣。在教师的鼓励与指导下，学生从各自的兴趣出发选择了不同的研究方向。有学生是聚焦冷战期间的自由欧洲电台，据此分析当时美国针对苏联的宣传手段及其影响，将广播电台与美苏之间的心理战、舆论战勾连起来。[①] 还有学生从身边的上海人民广播电

---

① 华东师范大学第一附属中学朱倪昊同学撰写的文章《穿越铁幕的电波——自由欧洲电台的胜利》。

台展开研究，通过上海电台的广播用语、节目内容及制度改革等方面，管窥中国社会发展的变迁史。[1]

如何引导学生发现自己的兴趣并形成选题呢？教师可研制兴趣提问单（见表3-15）[2]，帮助学生发现兴趣点，确定选题方向。这份提问单旨在帮助学生理清思路，发现感兴趣的问题、话题，引导学生从历史的视角进行考察。在一定的历史情境中进行独立思考，有助于培养学生的历史学科判断力。

表 3-15 选题参考表（一）

兴趣提问单	回答
在所学历史中你对哪国历史最感兴趣？	
在该国历史中你最感兴趣或最熟悉的是哪一历史时期？	
对该国历史感兴趣或较为熟悉的原因是什么？	
能否列出该国历史上给你印象最深的某一历史事件 / 人物？	
对该历史事件 / 人物印象深刻的原因是什么？	
最近你最关注的社会话题是什么？这一话题引发社会关注的原因是什么？	
历史上是否出现过类似的现象？	

学生由阅读产生兴趣并发现问题也是选题的常见来源。尤其在大数据时代，历史研究问题的产生更为多元，可以在泛读历史文献时产生问题，可以在浏览历史题材的文学作品或影视作品时产生疑问，也可以从微信、微博等一些微阅读中发现问题，甚至是与人分享阅读心得时激发了新问题。其实，身边值得研究的历史问题很多，需要我们发现的慧眼、坚持的探究。

（二）从大问题中寻找研究小切口

学生选题时，往往会关注一些特别重要的历史事件或历史人物，但从课题研究的实际条件出发，也可以从这些研究问题中找到小切口，所谓"小题大

---

[1] 华东师范大学第一附属中学徐曈卉同学撰写的文章《电波中的上海记忆》，该研究成果获2019年博学杯活动二等奖。

[2] 该表由华东师范大学第一附属中学卫佳琪老师提供。

做",这是较为符合学生课题研究实际的。比如,每年"博学杯"所确定的历史大概念就是一个大问题。以 2015 年"博学杯"主题"第二次世界大战的历史反思"为例,学生选题中出现的诸如"论二战之中的中国战场""二战中各国空降兵的运用状况"等都属于庞大的研究问题。不仅是时间有限无法完成,所涉研究理论、资料等都超出了实际能力,结果会导致文章泛泛而谈,成为一篇单纯的叙述文而非历史论文。

研究选题切口要小,但也要以小见大,能折射、映射历史的选题可能更有意思。那么,如何寻找小切口,做到小题大做呢? 一是在历史学习中多留意一些"琐碎"事例,并注意事例之间的关联性,进而产生值得研究的问题。以博通的视域,从研究大方向中找寻能研究的小问题,力求专精,即常说的"小中见大""见微知著"。二是把"大问题"切割为一系列的小问题,从中选择一个"有话可说"的角度作为选题。比如,有位学生是历史迷,对胡适的生平事迹尤为感兴趣。对于这样一位历史人物,如何产生高中生可研究的课题呢? 于是,教师让学生列出自己认为想研究、能研究的问题列表。经过一轮筛选后,建议学生对保留的问题进行较为详细的表述,即问题具体化,意图使学生思考研究的可行性及价值,包括排除一些似是而非的枝节问题。在教师与学生的共同研讨后,学生最终确定聚焦胡适的女性观来分析、解读新文化中的旧道德楷模,从典型历史人物的矛盾来审视新旧转型之时人们的身份认同。[1] 所以说,对高中生而言,小问题也可以阐发出大意义,也可以有宏观的视野,也能反映出大背景、大时代。

基于历史学科核心素养的培育要求,结合历史学科判断力的事实判断与价值判断两大维度,研制了问题参考指标以供学生分析选题的适切性(见表 3-16)[2]。

表 3-16 选题参考表(二)

	参考指标	自评
问题	该选题能否通过调查、考察、访谈、网络搜索等途径收集研究资料?	

[1] 复旦大学附属中学张若冲同学撰写的文章《憧憬与困窘——浅谈胡适的女性观》。
[2] 改编自华东师范大学第一附属中学卫佳琪老师的参考表。

（续表）

	参考指标	自评
问题	该选题目前已掌握的一手史料有哪些？	
	该选题是否已有研究资料基础，如资料的初步分类、鉴别等。	
	是否了解该选题的学术前沿研究状况，主要是从哪些角度开展的研究。	
	该选题是否有更微观的研究视角，若有，可做列举。已掌握哪些研究资料。	
	除了查阅文献外，是否还有其他途径开展该选题。	
	能否用300—400字介绍自己的选题。	
	对研究条件作综合分析，预估是否能完成该课题研究。	

由此提示学生选题可以从兴趣出发，但不能是一时兴起，尤其要考虑研究资料的占有情况。要求学生必须运用可信的史料开展真实的研究，并对已获取的史料进行辨析，这也是史料实证素养的培养。比如，有位学生对"钢琴文化"有兴趣，查阅资料了解到前人已有较多研究，但在比对资料时发现关于上海的"钢琴文化"研究较少，结合"海派文化"的研究似乎更少，于是在梳理上海"钢琴文化"百年流变的基础上，选择了钢琴对上海近代社会文化发展影响的研究视角。[1] 同时，教师还应指导学生对各方面的研究条件进行综合考量，以此对选题进行研究可行性的判断。

历史与现实密不可分，学生历史学科判断力的发展都会融入历史与现实问题的解决之中，学生的研究选题大多会架起联系过去与现实的思维桥梁，既有历史感也有时代感，也能感受到他们关注现实的责任意识和家国情怀。

二、核心素养下历史学科判断力的培养

选题是历史研究的关键第一步，此后课题研究的过程及研究成果的撰写则

---

[1] 该段文字由复旦大学附属中学刘歆宇同学提供，其获奖论文为《浅析钢琴对上海近代社会文化发展的影响》。

是以学生自身实践为特征的尤为重要的学习过程，可以说也是学生体验如何进行历史研究的过程。这是围绕一个新情境问题展开的综合性学习活动，聚焦学生判断力养成的学习活动促使学科核心素养在过程中得以落实。

（一）史料实证

课题研究中，学生在史料搜集、辨析和运用过程中，不仅能习得史学研究的规范程序，同时也能培养集证辨据、去伪存真的史料实证素养。历史研究是基于史料的分析，历史写作要基于史料分析进行阐述，因此搜集、研究史料是课题研究的重要前提。

起初，有些学生会在网上搜索研究资料，特别是前人的研究论文。通过教师的示范引导，学生逐渐意识到要在专业期刊网查找研究资料，通过查阅专业历史书籍、期刊等按图索骥地搜集史料，规范引用专业书籍、期刊中的史料或观点等，更有不少学生在档案馆、图书馆、博物馆等查找原始史料。这一史料查证的过程让学生体验了"去伪存真""去粗取精"的史料研究，从而完善了对史学研究的认知。比如学生在史料分类（见表3-17）时获得了切身的学习感悟："研究中，通过回望上海6路公交的演变，探索了城市公交的发展与城市记忆。通过前往上海市图书馆查询史料、采访亲历者等过程，探寻了解放后杨浦地区城市发展的历程。研究过程中，我曾在上海图书馆查阅了《杨浦区志》原本，并拍照备份包括有关当地交通、房产等诸多与研究有关的文献留作参考。我在研究中发现1980年之后的记录还存在文献空白，我就通过采访加以弥补。通过这个研究过程，也实现了文献史料与口述史料的相互印证、补充。"[1]

表 3-17　学生在撰写论文时搜集整理的资料[2]

档案资料	上海杨浦区志编纂委员会：《杨浦区志》，上海：上海社会科学院出版社，1995年。 《上海公共事业志》编纂委员会：《上海公共事业志》，上海：上海社会科学院出版社，2000年。 《上海人民政府志》编纂委员会：《上海人民政府志》，上海：上海社会科学院出版社，2004年。
报纸	《解放日报》2016年4月19日，第7版；2019年8月21日，第一版。

---

① ② 由华东师范大学第一附属中学周彦廷同学提供，其获奖论文为《6路公交与上海记忆》。

（续表）

期刊	李沛霖:《中国近代城市公共交通研究的回顾与展望》,《武汉大学学报（人文科学版）》2017年第一期。 张毅:《概览历史上重大交通方略对中国发展进程的影响及启示》,《交通运输研究》2018年05期。
口述采访	四位公交车乘客的口述采访
地图	中华地图学社:《上海1956》地图。 根据公交车线路自己绘制的地图 

（二）历史解释

"博学杯"以历史小论文作为研究成果的评选形式。学生撰写论文,集史料分析、问题探究、观点论述及评议于一体,充分体现了他们解决复杂问题的判断力,同时也是学生在研究、解决问题过程中个人探究、思辨和论证能力的综合体现,突出了对学生历史解释素养的培养。

在研究资料收集、整理和分析后,学生进入研究成果撰写阶段时,可用下表帮助学生做进一步的资料梳理与分析。（见表3-18）[①]

表3-18 历史写作目标

判断力	事实判断		价值判断
核心素养	时空观念	史料实证	历史解释
总目标	1. 能综合运用多种方法围绕主题查阅、搜集、鉴别、整理资料； 2. 将史料根据内容、价值进行分类； 3. 将研究主题进行分解,围绕核心问题提取史料文本信息； 4. 能够撰写形式规范、史论结合的历史论文。		

---

① 该表由华东师范大学第一附属中学卫佳琪老师提供。

（续表）

| 分解目标 | （1）能够锁定研究主题的时空背景；
（2）能够选择特定的具体时空框架进行分析；
（3）列出所掌握的史料作者的时空背景及其主要观点；
（4）分析在当时的时代背景下史料作者是如何进行论证的，并思考是否认同作者的观点。 | （1）能够区分与主题相关的不同史料类型；
（2）能够综合运用文献搜索、档案检阅、实地考察等多种方式搜集、研读与主题有关的史料，并从中提取有效历史信息；
（3）能够对所搜集的史料进行整理和辨析，并综合运用多则史料对要探究的问题进行互证；
（4）能够恰当运用掌握的资料对所探究的问题进行论述。 | （1）能够辨析与研究问题相关的不同历史解释；能够尝试从来源、性质和目的等多个方面，分析这些不同解释的形成原因；
（2）能够从地理、政治、经济、文化等多视角对研究问题提出自己的解释；
（3）能够在尽可能占有史料的基础上，验证其他观点或提出新的解释。 |

历史解释所指向的学生能力表现是"能够尝试从来源、性质和目的等多方面，说明导致这些不同解释的原因并加以评析；在独立探究历史问题时，能够在尽可能占有史料的基础上，尝试验证以往的说法或提出新的解释。"学生在写作过程中能对史料呈现的现象"说明原因""加以评析""提出新的解释"，这是学生对历史事件进行价值判断的能力体现。无论是事实判断还是价值判断都需要科学的历史观和方法论，因而这一过程还隐含了唯物史观素养的要求。

学生通过上表的指引会对掌握的史料作进一步梳理、提取史料信息，并依据"史由证来""论从史出"的原则，形成支撑自己的历史认识或观点的论据链。在日常教学过程中，学生较少有机会能撰写篇幅较长的历史类论文，因此对撰写论文的文本框架、论证方法等方面的认知都是比较模糊的。论文不是史料的简单堆砌，就是没有充分利用掌握的史料论证观点。以学生研究课题《6路公交与上海记忆》为例，最初学生会把自己在图书馆、档案馆获取的史料都尽可能地呈现在文本中，虽然翔实却显得平铺直叙，内容上更接近于史料汇总，未能涉及对具体问题的分析和观点阐述。交通的发展是城市发展的一个缩影。伴随着城市人口的激增、连片新楼的拔地而起，新社区的不断扩展，市民生活、工作的需求带动了城市公共交通的建设。因此，公共交通的变迁显现了一座城市的动态发展过程。经过教师的点拨与提示，学生在原有文献资料的研究基础上，又采用了调研采访的方式获得了口述史料，让感受城市交通变化的亲历者记录城市发展的轨迹。所有的历史叙述在本质上都是对历史的解释，即便是对基本事实的陈述也包含了陈述者的主观认识。人们通过不同的方式描述和解释过去，对这一过程的经历与见证也培养了学生的历史解释素养。

为了更有效地指导学生进行论文撰写，教师还可以提供学生一份参考指标图（见表3-19）。[①]

表3-19　历史论文的参考指标

	参考指标	回答
问题	文章的主要观点是什么？	
	在总观点之下还有什么分论点？	
	文章的各个小标题之间的关系是什么？	
	文章的各个小标题与本文的题目之间的关系是什么？	
	文章小标题能否清晰表达你的分论点？	
	你的分论点是否有史料支持？在文章中有体现吗？	
	你如何看待同类型主题不同学术著作的观点？	

（三）家国情怀

撰写历史论文的过程中，学生会有面对复杂情境问题的判断体验。写作过程并不是一蹴而就的，成文过程需要反复推敲、琢磨和修改，对问题认识的反复思考与体悟也是学生能力与素养发展与提升的过程。在史料解读、写作论述时，学生都会不自觉地把个体的内心体验、生活感悟带入其中。由于每个时代研究者的思想认识会有所不同，因此对于历史研究的尺度也会不一样。史料叙述的主体是人，自然会带有鲜明的时代和个人印记、情感色彩，结果就会是不同的人在面对同一历史事物时会有不同的认识及价值评判标准。

比如一名学生在撰写课题《电波中的上海记忆》的研究成果时写道："广播是时代的先驱，是政治思想的传播媒介，是人民精神文化需求的满足者。它的出现加速了上海的现代化进程，让科学的思想观念得以普及全市。同时，它也传达了国家的意志，加强人们对党对国家的认同感与归属感，它能够使群众

---

① 该表由华东师范大学第一附属中学卫佳琪老师提供。

聚集起来，形成一股不容小觑的改革力量，可以说，它是时代推进的重要一环。新中国成立以来，电台的听众一代一代更替，听众记忆中的电台也在一年一年改变，唯一不变的是其中代代相传的文化精神，激励着人们追求卓越，勇攀高峰，共同创造出更加美好的明天，而上海'海纳百川，大气谦和'的城市气度始终被人们铭记在心，成为上海人独特的国家记忆。"[①] 这段论述是学生几度修改的结果，她将广播与上海的城市文化联系起来，提升了认识问题的视野格局。行文叙述中可以感受到她对所生活城市的深厚情感，以及国家认同、民族认同、道路认同和文化认同的真情实感，这是学生家国情怀素养的体现。

三、有效反馈提升学习活动的成效

"博学杯"活动以围绕主题开展阅读与写作的研究性学习活动，在学生搜集、整理和辨析史料的过程中培养发展学生的历史学科判断力，对培养与检验学生学科核心素养具有现实意义。从学生的长远发展来看，使其获得了终身学习的能力基础。学生经历了选题、选材、撰写、修改等研究过程，每个环节都能培养学生不同维度的判断力。不同于传统课堂教学中的作业，以研究性、实践性为特征的课题研究，也能较为全面地体现学生的综合素养与能力，因而教学评价可以学生在课题探究过程中的表现性评价为主，结果性评价为辅（见图3-6）。

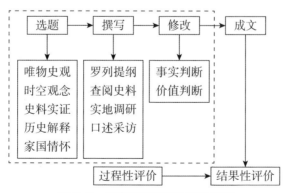

图3-6　历史课题研究的评价框架

① 该段文字由华东师范大学第一附属中学徐瞳卉同学提供，其获奖论文为《电波中的上海记忆》。

教师可依据课题研究的过程性记录，包括史料搜集与整理表、提纲的撰写、论文修改痕迹与综合质量等进行综合评定。同时，教师能在研究过程中通过过程性评价及时帮助学生反思研究过程中的不足并作出调整，也能发掘学生的亮点予以分享借鉴。(见表3-20)①

表3-20　历史论文评价表

类型	指标	分值	自评	互评	师评	总分
过程性评价	能够通过调查、考察、访谈、网络搜索等途径收集资料	10				
	能够对收集的信息或资料进行初步分类、鉴别和整理	10				
	能够根据史料寻找到相应的问题切入点	15				
	能够根据核心问题提出自己的观点	15				
	能够结合史料充分论证自己的观点	20				
	能够综合运用多视角展开探究	10				
	能够积极清晰的表达自己的思想观点	10				
	能够坚持按时修改论文	10				

对学生而言，取得研究成果是令人欣喜的，但研究过程中的收获更令人难忘。学生在学习收获中写道："'博观而约取，厚积而薄发。'对我而言，这是"博学杯"带来的最深刻的观感。历史不是一蹴而就；感悟历史更加是漫漫长路。六千余字的背后是两个月、两本书、十余篇论文的阅读积累与良好的阅读习惯的配合。然而，历史学习中的积累并不是阅读的内容本身，而是如何去阅读，如何去用阅读习惯提升阅读的效率。博学杯给我带来的更多是方法论层面的收获。我开始体会到如何筛选有用信息去阅读：轶事体现了历史的一个角落，但它并不能代表一个时代的一切；数据展现了一个时代的概貌，但是却不能观察到任意一个随机的历史角落。于是我学会去结合不同信息的不同特点去阅读：文本资料的准确性、官方数据的权威性、人物传记的细节性。这些历史

---

① 该表由华东师范大学第一附属中学卫佳琪老师提供。

方法论的积累让我能够更加系统全面地学习历史、感悟历史。"[1]

大数据时代的到来，促使传统的历史教学模式发生着转变。喜欢历史的学生很多，但如何能让学生真正喜爱历史课，或者是读懂历史却又是一个问题。历史学作为一门人文学科，要在知识、思想和美感三个方面达到平衡，并在最后通过文字的形式表达出来。如何让学生在历史学习中喜欢历史、读懂历史，提高自己的史学素养呢？"博学杯"活动提供了一个可参考实践的思路与路径。教师有目标、有计划地在课内外教学中渗透学科核心素养，在实践活动中将所思所想与课堂中的知识形成互证互补，让历史学习更有趣味、更有深度，并激发学生对国家、对社会和对民族的热情与责任感，这是培养事实判断和价值判断的能力、学科核心素养达成的有效途径。

历史学科核心素养的培养是一个循序渐进的过程。学生在课题研究中，从零碎、片段的短文本阅读发展到系统、完整的长文本阅读，学会了如何基于文本的阅读、围绕文本的阅读、超越文本的阅读等；从原先教师的指定阅读发展到自发、自主的阅读，能从一本书籍拓展到一类书籍或相关书籍的阅读；学会了如何对某一历史概念、某一历史事物形成较为全面客观的认知。学生的历史学习能力得以提升，历史思维水平、判断力水平得以发展，也水到渠成地促进了学科核心素养的发展。

---

① 该段文字由上海复旦大学附属中学陆嘉炫同学提供。

▶ 第四章

指向历史学科判
断力的评价设计

第一节　以评价导航判断力培养

评价是教学中的难点、关键点，与教学有着同等重要的地位。历史学科判断力养成的教学评价就是以高中历史课程标准为依据，聚焦学生在历史或现实问题的思考分析及解决过程中的行为表现，对学生分析决策能力的变化进行实证及评估判断。

一、基于课程标准的学习评价

为何要进行学习评价？仅仅是对学生完成某个学习任务后的成效评定吗？其实不然。高中历史课程标准明确提出："高中历史学习的评价应以课程标准为依据，以学生历史学科核心素养的整体发展为着眼点，将评价贯穿于历史学习的整个过程。"[①] 某种意义上讲，评价也是教学活动的重要组成部分。从教师视角来分析，评价目的包含着"教学效果的评价"和"促进教学改进的评价"两个方面；从学生视角来分析，评价目的是对学生学习结果的诊断，也有着促进学生学习的作用。以下主要从学生视角展开分析。

（一）对学习的评价

对学生的学习结果进行评定，这是对评价目的最为普遍的认识。高中历史课程标准提供了学生学业质量水平的评价依据，以学科核心素养及其水平为维度，对学生完成课程学习后的学业水平表现作了描述。例如，学业质量水平2是学生在高中历史学习后应达到的合格要求，学业质量水平4是对选择历史作为等级考科目学生的水平要求。基于课程标准将学生学习后的能力水平表现与

---

① 中华人民共和国教育部.普通高中历史课程标准（2017年版2020年修订）［M］.北京：人民教育出版社，2020：56.

学业质量水平要求进行比照，以此评判学生是否达到了相应的学业水平要求或能否进入下一阶段的学习。日常教学中的期中考、期末考等总结性评价[1]，就是在特定的时间节点上用来总结学生是否达成学习目标的测试，其主要目的就是对学生学习结果的诊断，即对学习的评价。

（二）为学习的评价

随着知识观、学习观的发展，评价作为单元教学设计的组成部分，它的功能不只是为了认证学生是否达成了学习要求。聚焦于学生学科核心素养的评价活动，也有着优化教学行为、推进教学进程的重要功能，最终落脚点是学生终身学习素养的培养与发展。因而，评价活动可以是学习活动的一部分，起到促进学习的作用，即为学习的评价。

如何实现对学习的促进作用呢？基于课程标准的评价设计，贯穿单元学习始终的评价活动，无论是评价标准、评价过程、评价结果和评价反馈等，都可以充分发挥其学习增值的效益。以评价反馈为例，对学生完成学习任务的表现给予具体评议和建议，对学生在课堂问答中的表现给予即时点评等，这些都是在日常教学中经常发生的评价反馈。若此时教师的评语指向具体并富有建设性、可操作性，那么学生就能依据获得的反馈信息对自己的学习行为进行自我评估和反思，并相应地调整学习方法或状态，优化自身的学习行为。这种情况下，评价活动促进学生学习的作用被放大了，甚至于学生进行自我反思的过程本身也是一个学习过程。

综上，可以进一步明晰课程标准、教学与评价三者之间的关系（见图4-1）[2]。其中，高中历史课程标准是评价设计的依据，也是指引教师教学活动、学生学习活动的依据，这样方能实现"教—学—评"的一致性。基于标准的

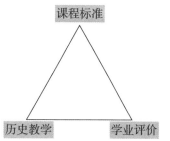

图4-1 课标、教学与评价的关系

---

[1] 总结性评价也称为终结性评价，是在一个大的学习阶段、一个学期或一门课程结束时对学生学习结果的评价。

[2] 崔允漷，王少非.基于标准的学生学业成就评价［M］上海：华东师范大学出版社，2008：111.

评价不仅能判断教与学是否达成了课程标准的要求，还能起到调整教与学正确走向的作用。

二、多元评价主体关注学生全面发展

评价主体是指评价活动的实施者。由于评价目的、评价对象等的不同，参与评价活动的主体也会发生相应变化。例如，以教师的教学行为作为评价对象，那么学生、教育同行、家长等可以是评价主体。以学生的学习活动作为评价对象，那么授课教师、学习同伴、教育同行、家长等都可以是评价主体。这里我们以评价学生学习活动作为研究对象。

历史学科核心素养是学生在学习过程中逐步形成的正确价值观、必备品格和关键能力，历史学科判断力是落实历史学科核心素养的一个有效抓手。历史学科判断力的培养与发展是一个持续的过程，一旦形成后具有一定稳定性，会在学生解决具体历史问题及相关现实问题的过程中得以呈现，诸如对问题关键点的捕捉、问题形成的原因分析、解决问题的主要措施及表现的价值观等。不同于对历史知识识记的评价，以学生的学科核心素养和判断力为评价对象，学生的素养与能力会在多场合、多方面得以体现，这使得评价信息的捕捉不能只拘泥于学科学习活动之中，而应尽可能形成多方构成的评价主体，才能获取较为全面的评价依据。

（一）评价主体多元化

1. 多元评价主体的构成

授课教师、学生、教育同行和家长等都可以是评价主体，他们基于同一评价要求，各自以不同的身份经历，提供不同观察视角的评价信息，进而构成了对学生学习活动的整体评价画像。

教师是整个评价活动的主要设计者、组织者，也是多元评价主体的中坚力量。从教学实施与教学评价两者关系出发，如何培养学生的能力素养与如何评定其养成情况应该是教与评设计时始终相伴的考量；从教师是教与评活动的设计者与执行者的角度出发，如何能及时获取准确的评价反馈并作出向好的教学调整应该是设计规划中关注的重点。以往人们较为重视的是教师的教学素养,其实教师的评价素养与教学素养有着同等重要的地位。因此,以学生能力素养为导向的教与评活动设计中,基于课程标准的评价能对教与学活动进行质量、进度、方向等方面的监控,"教—学—评"一体化的稳定结构是教学正确实施的保障。

一般意义上讲,学生是教学评价的对象,但是基于对评价目的的全面认识,我们应该意识到学生不应该是被动的被评价者,而应该是评价活动的参与者。从学习过程来看,学生既是教学活动的参与者也是组织者,教学活动的互动性不仅是师生之间的互动,还有生生之间的互动,更有个人反思过程中的自我思维互动,因此在贯穿于教学始终的评价活动中,学生既是评价对象,也是评价主体。学生在评价活动中的主体性,主要体现为参与评价指标的制定,依据评价指标对学习同伴进行评价,对教师的教学行为进行评价反馈,以及自我的学习诊断与评价。从评价成效来看,学生对自己的学习兴趣、学习效果会有更为直接、真实的感受,他们的外显行为是体现能力素养的评定依据之一,但其言行举止背后的思维活动、决策动机等更能直接体现学科核心素养与判断力的培养成效,因而学生应该是自我评价的主体。

教师与学生是教与学活动的主体,在教学评价活动中也是互为主体。教师与学生的自评、互评是科学、合理调整教学活动的重要依据,他们的自评与互评的真实表达也是不断完善评价指标的依据,科学的评价能够给教师的教学决策、学生的学习改进提供大量的有效信息,最终实现以评促教、教评相长的效果。

学生历史学科判断力的养成非一朝一夕,其发展变化不仅体现在学生的历史学习活动中,在其他的学习、生活场景也会有所呈现。因而,教育同行、家长也是评价主体。教育同行可以在听课、历史实践活动中对学生的行为表现作出观察提供评价依据,家长可以从学生对历史学科或者与历史相关问题的关注度、观点交流深入程度等角度作出评定,提供评价信息。

2. 多元评价主体的价值

(1)全面性

学科知识是学生能力培养的载体,理解并运用学科知识解决问题的过程是学生学科能力形成和发展的表现。对学生历史学科判断力培养成效的评定不能也不可能只停留在纸笔测试中得到的评价信息，需要借助多方的评价角度和多种评价方法，在不同侧面获取评价信息，并予以补充、印证等。以学生能力素养为评价对象，必须要将过程性评价、表现性评价等结合运用，显示学生能力素养的发展变化轨迹，并以此为参照作出较为全面和准确的判定。

（2）客观性

对学生基于一定情境下解决问题过程中的行为表现进行评价，这属于表现性评价，由于行为表现难以精确地用量化标准进行比照，因而评价结果难免会受到评价主体的经历、思维、情感等因素的干扰。为了尽可能地做到评价的客观性，对不能量化标准的对象进行评价时，可以借助多元评价主体，在一定标准下从不同维度获得评价信息，这样能勾画出评价对象的多个侧面，采用多方评价信息的交集呈现评价对象的客观性信息。

（3）发展性

教学评价的目的不只是简单获取成或败、是或否的结论，贯穿教学活动始终的教学评价是为了激励师生，促进教学，达成目标。培养学生的历史学科判断力，从学生的关键能力入手，着眼于学生将历史学科判断力内化为分析、解决现实问题的终身能力。多元评价主体正是与之相匹配，从教学目标出发，从效果表现考量，把学科学习与能力发展相联系，评价与指导相结合，以多主体评价促进教学改进、师生的动态发展。

3. 多元评价主体的实施原则

（1）评价行为有效性

对学生历史学科判断力的教学评价，若以学生的课堂学习行为作为评价对象，对于评价主体的教育教学专业性有一定的要求，因而并不是所有评价主体都能完成评价任务，并给出有效的评价信息。例如，家长由于没有经过相关教育教学的专业培训，对于课堂教学等相对专业的评价内容就无法作出有效或准确的评价。若以学生的日常综合表现为评价方法，可以从学生如何解决日常学习或生活中的问题入手，从他们的分析、决策能力的变化等方面进行持续观察并给出评判。虽然此时的评价仍有一定的专业性要求，但是不同的评价主体，可以基于不同的评价视角，给出更多的评价信息，有助于形成更为全面和客观的反馈。但并不是评价主体越多，评价效果就越好，而是与评价主体和评价对象的关联度、评价行为和评价标准的一致性等因素密切相关，这样才能获取更多的有效信息，反之则会产生干扰或错误信息。多元评价主体要基于同一评价指标体系才能发挥其评价的有效价值。

（2）评价标准明晰性

由于专业、立场等差异，不同评价主体对同一评价对象的观察视角、评价结论会有很大的差异，这是可预见的结果。在明了这一情况时，人们仍然使用多元评价主体的原因，主要是鉴于多元主体所具有的多方观察视角。以学生的能力素养为评价对象，往往会以表现性评价为评价手段，评价标准多数以评价对象行为表现的不同程度水平为依据。由于表现性评价会受到评价主体的专业程度、价值倾向和情感态度等因素影响，若是评价标准表述含糊、指标跨度太大，就会出现对同一对象评价差异较大的结果，因而评价标准在评价对象、评价内容、标准描述等方面都要尽可能做到明晰、准确，才能获得相对有效的评价信息。

（3）评价方式发展性

评价目的不只是获得一个简单的结论，对教学而言，评价是为教师的教学决策提供指导、学生的深度学习提供帮助，这才是评价的价值所在。针对学生历史学科判断力养成的评价，可以在日常历史教学活动中进行，还可以通过表现性评价、过程性评价等方式的支持，关注学生解决具体历史问题及相关现实问题的能力表现及变化。学生在明了自己的学习评价要求后，可以随时监控自己的学习方向、进度，并进行学习方法、策略的调整，最后所获得的评价结果也不是简单的分数、等第，而是引导学生改进学习行为的建议。

（二）学生参与评价的重要意义

立足于课堂教学层面的评价主体主要是教师和学生。聚焦学科核心素养培育的学业评价中，学生在评价过程中的主体地位和作用越来越受到重视。学生参与评价的意义，就是明晰学习目标是什么，距离学习目标有多远，如何能达到学习目标的过程。例如，高中历史统编教材的每个单元都设置了"单元导语"，导语的第一部分主要是对整个单元内容的概括说明，第二部分则是依据课程标准提出的具体学习要求，学生在达成学习要求的过程中实现历史学科核心素养的培养与发展。在单元学习伊始，可采用师生共同研读导语的方式直截了当地明确学习目标。又如，教师在指导学生历史论述题的过程中，如何让学生能较好地理解论述"主题明确""层次分明"等学习要求，这时需要教师结合具体案例，以较为直观的形式，通过案例分析和师生研讨的过程实现对学习目标的理解。

不仅如此，教师还可以运用评价手段让学生始终保持对学习目标的关注，在参与评价的过程中进行自我对照与反思，促进学习行为的优化。例如，课堂教学中的互答就可以运用评价来实现促进教与学的目的。在问题探讨过程中，尤其是一些开放性的问题，学生往往会形成不同的观点，这时教师可以要求学生对自己的观点进行有理有据的论证，同时要对他人的意见进行辩驳或评价。这一互答过程，包含了"听""想""评"等多个复杂环节，也是学生参与历史学科判断力养成与评价的过程。在"听"的过程中，学生要能准确领会、概括他人发言的要点，这是找到与之共鸣或进行反驳的前提；在"想"的过程中，学生要动用自己的知识储备对问题进行分析、理解和判断，并对自己的发言作好观点归纳、内容组织和进一步论证的准备；在"评"的过程中，学生要准确表述支持点或反驳点，阐释自己的观点，提出充分地理由。虽然，整个互答过程可能时间不长，但在问答的每个瞬间学生都会经历信息收集、筛选、组织、评判的过程，这也是教学与评价活动紧密相融的生动过程。此时，学生在互答中加深了对历史问题的认识，也在互答中获取了他人对自己的学习评价，这是比照自身不足、发现自身优势的过程，也是学生"学史生智"的过程。

三、多样评价方法引领学生全面发展

评价方法指对学生习得的知识、能力等进行客观测试、综合评定的方式。如日常课堂教学观察、纸笔作业与测试等能较为直接地了解学生的习得情况；又如，基于"可视化学习"的视角，读书报告、历史小论文撰写、课题研究、图文作品展示、历史主题活动策划、主题演讲等是在一定学习任务情境里，通过任务完成过程与结果来观察学生知识、能力与情感态度价值观，并给予综合性评价的方式。此外，问卷调查也可作为一种评价方式，针对相对固定、长期交流的调研对象，在持续的时段中选择不同时间节点展开调研，从而获得可以比较与分析的数据，形成有效和直观的评价信息。

（一）主要类型

1. 课堂观察

课堂观察是教学评价的常用方式。由于课堂教学时间有限，可开展评价活动的形式也有局限性，若以学生的能力素养为评价对象，那么以课堂问题互答形式检测学生的习得情况是一种较为直接、便捷的评价方式。学生的能力素养会在问题解决过程中体现，因此教师可依据具体评价目标进行问题链的设计，通过对思维、方法难度具有递进式的问题链解决过程，观察学生的应答情况，从学生的问题分析视角、论证逻辑、观点阐释等方面获得能力水平的评价信息。课堂问答过程中，往往会有新问题的生成，这是课堂观察中应予以关注的环节，因为对课堂教学中生成性问题的解决过程，对于师生而言都是新情境下的问题解决过程，也是获得最原生态评价信息的时刻。

2. 日常作业

日常作业是最为普遍的评价方式之一。一般情况下，教师会依据教学目标、教学活动等设计课前或课后作业来了解教学前初态和教学后情况。为掌握学生的能力素养水平情况，也可以对日常作业进行针对性设计。例如，围绕主题"20 世纪的战争与和平"的学习，教师对《中外历史纲要（下）》第 17 课"第二次世界大战与战后国际秩序的形成"的作业设计可以是："观察表格中部分学者对二战起点的主要观点，你比较赞同哪个观点？并说明理由。"（见表 4-1）[1]

表 4-1　关于第二次世界大战起点的主要观点

二战的起点	主要的主张者
1931 年九一八事变	部分中国学者

---

[1] 中华人民共和国教育部 . 普通高中历史课程标准（2017 年版 2020 年修订）[M]. 北京：人民教育出版社，2020：62.

（续表）

二战的起点	主要的主张者
1937 年七七事变	部分中国学者
1939 年德国进攻波兰	国际上大部分学者
1941 年 6 月德国进攻苏联	部分苏联和俄罗斯学者
1941 年 12 月日本偷袭珍珠港	日本和部分欧美学者

——摘编自张海鹏《第二次世界大战的宏观反思》等

对于这一问题的回答，学生需要在尽可能占有史料的基础上，对表格中的不同观点进行比较、评析，包含对基本史实的事实判断，对不同观点持有者的立场、视角的价值判断，并基于此提出自己的观点并加以论证。诸如此类情境性问题的作业设计，教师通过对学生围绕问题表述观点阐明理由的过程，从中观察学生的知识运用、思维过程、举证解释等能力表现。

3. 纸笔测试

通常情况下，纸笔测试较为侧重量化的评价结果。若要对学生群体的整体学业水平进行比较、评价的话，纸笔测试是评价学生习得情况、教师教学成效的一种较为直观、可识别的评价方式。例如，研究团队在了解学生"历史解释"这一学科核心素养的达成情况时，通过标准化试题来评测学生在史料搜集、整理和辨析等方面的能力水平，以及运用史料对历史事物进行解释、评判等的能力表现，通过对同一对象在不同时段的评测结果进行比较，发现学生在"历史解释"方面的进步率超过或者接近 20%。

4. 其他方式

基于"可视化学习"的视角，对学生历史学科判断力进行评价，还可以通过不同类型的表现性评价进行观察评测，如主题作品展示、历史课题研究、历史主题阅读报告、历史调研方案设计等。

一般情况下，学生的能力变化是不易通过客观题进行直接评测的，因为习得的能力素养具有一定的内隐性。但是，学生的能力素养一旦形成又具有持久性，可以在不同的情境中得以体现。因而，以学生历史学科判断力作为评价对象,纸笔作业、客观测试可以作为评价方式,同时也需要通过表现性评价来获取更多评价信息,从而形成对学生能力素养水平较为全面、客观的评价。例如,学生的历史学科判断力评价,可以从学生是否能有效辨析史料真伪、史料价值,是否能运用史料客观评析历史事物,以及是否具有对历史问题有理有据提出自己的见解与解决方法等行为进行综合评价。根据评价对象的具体情况,可以采用情境性问题的纸笔测试,也可以辅之基于历史情境的学习任务等评价方式交互进行。

面对多样的评价方法,在评价实施过程中应该如何选择?其实,各种评价方法的作用无高低之分,只是各有适用范围,选择哪种评价方法取决于多种因素。当需要了解学生的思维过程时,选择表现性评价方式采集评价信息较为全面些,但有时并不都会具备运用表现性评价方式的现实条件,诸如读书报告的撰写、历史课题研究、社会考察及图文展示活动等都需要师生双方投入一定的时间、精力,因此表现性学习任务并不适宜在学习活动中频繁使用。若是在日常作业中进行情境问题的设计,学生围绕问题表述观点、阐述理由、提出解决方案,教师也能从中观察学生的知识运用、思维过程、评判解释等能力。

(二)实施策略

1. 科学性是前提

评价目标应该是与课程标准、教学目标的要求相一致的。不管使用何种形式的评价方法,最终的目标指向应该与课程标准的要求保持一致,这也是评价方法选用和应用中的首要考虑。另一方面,制定的评价指标应该是教师与学生都能理解的。例如,在表现性评价中,学生往往既是评价主体也是评价对象,因而学生在执行学习任务之前就应该十分清楚完成任务的具体要求及评价要求,这是最终学生能否作出趋于科学、客观地自我评价,并能否为他人作出相应可采信评价的基本保证。

以评价指标为例,这是检测教与学成效的标尺,一般有定量评价与定性评价。分数、字母等级都是常见的评价指标,但它们并不能提供丰富的学习信息,只能提供"是否达到"或大致表现状态的模糊信息。尤其在表现性评价中,需要有定性评价的介入,才有利于形成较为全面的评价。(见表4-2)

表 4-2　历史主题演讲评价量表

评价项目	评价要素	评价等第				
		5	4	3	2	1
观点	观点表述鲜明,观察视角独特有新意					
论据	史实运用充分,与论述观点契合度高					
论证	论证逻辑清晰,做到史论一致层次明					
表述	语言表达顺畅,能准确运用史学语汇					

研制评价指标一般有两种思路:自上而下,或是自下而上。①

所谓自上而下,就是教师依据学习任务的特点、要求等先行制定评价指标,过程中需要考虑几方面问题:首先是确定评价指标的评价项目,即评价维度。以历史主题演讲评价为例,评价维度为演讲内容所聚焦的观点或思考的角度、演绎观点时所运用的史料、事例等是否充分与恰当、论述过程是否做到了史论结合及条理清晰,史学用语运用是否规范等。其次,就不同维度可以考虑分为几个等级水平来与学生的具体表现作出对应,有时为了更好地说明各种水平的含义与表现差异,也可以结合具体案例加以直观说明。再次,设计评价量表,将评价维度、评价要素及不同水平等级等集结于量表之中予以清晰表明。教师在评价指标正式使用之前,也可以与其他同行教师、部分学生进行讨论并修改。学生参与研制评价指标的过程,也是学生在理解评价指标的过程中进一步明确学习要求,有利于后期自评、他评环节的有效实施。

所谓自下而上,是指学生完成学习任务在先,评价指标研制在后。教师在布置学习任务后,可依据收集的学生作品进行综合分析然后产生相应的评价指标。以学生思维导图的评价指标为例,思维导图是近年来学科学习中常用的一种学习方式。通过学习,学生根据自己的理解所绘制的思维导图也是五花八门。此时,教师可以先将学生作品大致以高中低水平进行分组,并写出分组的主要评定依据,所罗列的理由陈述尽可能做到具体,如"史实表述是否有错

----

① 邵朝友.指向核心素养的逆向课程设计[M].上海:华东师范大学出版社,2019:93.

误""史实之间逻辑联系描述是否准确"等。然后把分组依据总结为评价维度，并确定出大致可分为几个不同等级水平及水平描述，这样就形成了相应的评价量表，在评价反馈时，还可以用最具有代表性的学生作业进行示例说明。

无论是哪种研制路径，在评价指标制定时，都要明确所评价的学习任务有哪些重要特征，能区分学生学习表现中"不足""可接受""优秀"的特征分别是怎样的，这些特征及表现差异的对照依据又是什么。其实，高中历史课程标准中的"学业质量水平量表""历史学科核心素养水平划分表"是我们制定评价指标的重要依据与示例。

2. 实效性是目标

评价方法运用的实效性，体现在是否与评价内容相匹配，是否符合教学与学生的实际情况，是否具有可操作性等。总之，要选择合适的评价方法，才能发挥评价方法的最大作用，避免出现为评价而评价的现象。

近年来，人们对教学评价的关注度在不断上升。于是，过度使用评价手段、选用不适宜的评价方式的情况也随之增多。随着学科核心素养的推出，关于表现性评价的研究热度也在攀升。其实，新的评价方式的出现并不意味着已有的评价方式的淘汰。不同的评价方法能为不同的评价目标与内容服务，应该依据具体的评价目标和内容选择合适的评价方法。同时，评价方式的选择还与教学、师生的实际情况密切相关。以学生的历史学科判断力评价为例，将学科关键能力作为评价对象，表现性评价往往被认为是较为合适的评价方式，但这并不能完全取代纸笔测试的评价作用。由于表现性评价需要在一定任务情境下来观察学生的行为表现进行评价，一般评测周期比较长，对过程性资料积累的要求比较高，对教师的评价素养也有一定的要求，否则所获得的评价结论可能差异性会比较大。因而，在学生能力评价过程中，教师可以依据不同的学习要求、情境特点采用合适的评价方法，取长补短，才能增强评价活动的信度与效度。

值得一提的是，评价方法也并非是运用越多越好。虽然说不同的评价方法可以从不同方面提供评价信息，有利于形成较为全面的评价结果。但每一种评价活动可能都要学生花费一些时间来完成，因此还应充分考虑学生的实际学业负担、基础能力水平，尤其是课题研究、作品展示等需要一段时间才能有所成果，这些具有长时段特征的表现性评价方式并不适宜频繁使用或同时使用。否则，学生学习任务完成的质量就会大打折扣，非但没有达到评价的目的，还无形中加重了学生负担，结果会适得其反。

3. 发展性是重点

评价的最终目的是实现教与学的向好发展，因此评价方法的选择与运用也要将促进教师的教、有利学生的学作为综合考虑的因素。

从评价主体的角度，大多数情形下是以"他评"居多。的确，综合采信多方面的评价意见能获得较为全面、客观的评价信息，这是值得认真审视的。从评价促发展的角度，人们也越来越认识到自评对个人发展的促进作用。当然，自评的准确性既需要自评者对评价标准的理解，也需要自评者对自己尽可能地客观审视。他评的信度和效度，有时也会受到评价者个人因素的影响，何况个人对自己的评价要做到客观是有一定难度的。鉴于这种情况，可以通过学习档案资料的积累，过程性资料的比较等方式将个人的发展变化进行客观呈现，从而帮助自评者通过可视化的观察手段进行自我评价。

以《中外历史纲要（下）》第四单元教学为例，本单元共有两课，分别是第8课《欧洲的思想解放运动》和第9课《资产阶级革命与资本主义制度的确立》，两课在内容上有明显的因果逻辑关系，而且单课内容的历史时序、递进逻辑关系是十分清晰的。本单元内容是学生初中阶段的学习重点，但作为高中阶段的起始年级，如何较为准确地了解学生的学习准备情况和学习后的效果呢？在单元教学实施前，教师可布置学生完成绘制单元知识图谱的导学作业。学生要完成作业，先要通读教材内容，形成自己的知识内容体系，然后才能绘制出知识图谱。这份作业能体现学生对单元重点史实的选取情况，对相关史实之间逻辑关系的认知情况，从中还能及时发现学生的知识盲点及疑难点，为课堂教学的深入学习与问题研讨构建共同的知识基础，也为教师确定教学重难点提供参考依据。在单元教学实施后，教师可要求学生再次梳理单元重点内容，对学习前绘制的单元知识图谱作出修改、补充和完善，这是与导学作业相呼应的课后作业，学生对单元知识图谱的绘制、修改痕迹记录了学生在学习前后对单元核心内容的掌握及理解程度，对单元内相关史实之间逻辑关系的认知变化，某种程度上也是教师与学生评价教学成效的依据之一。最后，教师还可以通过与学生共同构建评价指标，组织学生进行作业展示、互评活动等，设计一个引导学生学习交流、汲取他人所长的评价学习活动。

第二节　以评价助力判断力培养

单元教学设计是围绕核心概念或观点在一定时间段的教学计划，所包含的教学目标、教学活动、评价设计和学习资源等各要素都有着自身的功能与作用，各要素之间互为关联、互有影响。对于教学内容有一定难度，或者学习时间跨度较长的单元教学来讲，评价活动可以在不同学习时段发挥不同的作用。

一、立足单元整体的评价设计

在单元教学设计中，评价是不可或缺的组成部分。评价作为贯穿于整个单元教学过程的一项活动，同样需要进行系统规划。（见图 4-2）

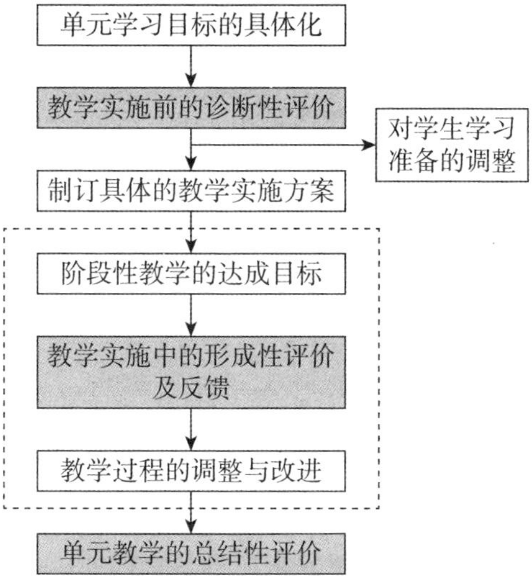

（一）评价类型

单元视角下的评价设计，能起到诊断、优化和促进教学的作用，通常情况下可分为诊断性评价、形成性评价和总结性评价。

1. 诊断性评价

诊断性评价是指设置于新的教学活动开始之前，用以了解学生知识储备

图 4-2　单元教学中的评价设计

和能力基础等状况的评价活动，也就是了解具体学情的一种方法。例如，高一作为高中阶段的起始年级，在学情方面一般存在以下两种情况：一是从初高中教学衔接的角度，学生在初中阶段已接触过高中教材中的基本内容，但由于上海市初三年级未设置历史课程，进入高一的学生存在历史基础知识模糊及个体基础能力差异等问题；二是高中历史统编教材按通史体例，在历史时序框架下概述了自古至今的中外历史发展进程，每个单元或单课的内容都是高度凝练的"纲要式"呈现，在学习容量、学习要求等方面都有较大变化。诊断性评价可以帮助师生了解学习前的基础状态，存在的学习难点、困惑点等，为教师制订具体的教学方案提供参考依据。

2. 形成性评价

形成性评价是指设置于教学实施过程之中，用以了解学生阶段性学习成效的评价活动，可以为师生下阶段教学的调整、优化等提供参考依据。对于单元教学而言，形成性评价能及时发现教与学过程中的问题，以便教师能聚焦问题进行精准教学指导，从而顺利进入下一阶段的教学。在教学周期跨度较长的单元教学中，"评价→反馈→调整→教学"是一个闭环重复的过程，直至完成最后一个阶段的教学任务。

3. 总结性评价

总结性评价是指在单元教学任务完成后，用以了解学生整体学习成效的评价活动。不仅是对学生本阶段学业成就的评价，还能通过与前期评价活动的信息比较，对单元教学设计的合理性、教学实施的科学性及教学调整的应变性等提供反馈信息，并为进入新的教学阶段做好准备。

比如，在"亚非拉国家的现代抉择"的主题式跨单元教学中，教师在《中外历史纲要（下）》第八单元第 21 课《世界殖民体系的瓦解与新兴国家的发展》的导学案中，引用了教材中"问题探究"的材料并设计了一道思考题：

一些西方学者和政治家认为，一些殖民地的独立是宗主国自愿结束殖民统治的结果。例如，英国前首相艾德礼就在一次讲演中宣称："在世界历史上，有许多大帝国兴起，繁荣一个时期，然后垮掉了。……只有唯一一个帝国，这个帝国在没有外来压力下或没有对统治的负担感到厌倦的情况下，统治民族自愿地放弃了对臣服民族的统治,把自由给予了它们。⋯⋯这个唯一的例子就是大英帝国。"

——选自《中外历史纲要(下)》第 130 页

你是否认同"宗主国自愿结束殖民统治"的说法?结合所学和提供的参考资料陈述理由。

对宗主国放弃殖民统治是"自愿"还是"非自愿"问题的辨析,旨在引导学生在具体情境中基于一定的史实、视角等,对世界殖民体系崩溃的原因进行多角度、多层面的探析。该题需要学生结合已学内容,在自主研习本课内容的基础上展开综合分析,初步形成自己的评判结论并作出相应阐释。作为 21 课的课前导学案内容,教师的设计意图是为了了解学生围绕主题学习至此阶段的状况,包括对世界殖民体系走向崩溃、亚非拉民族民主运动逐渐高涨的认识与分析,同时也为本课难点"赢得独立后的发展中国家面临挑战的成因辨析"作学前铺垫,因此有着诊断性评价的功能。从整个跨单元教学设计来看,第 21 课并不是最后的教学内容。虽然该思考题有一定的综合性,能反映学生对已学内容的掌握及运用能力,但从单元整体而言,只能视为形成性评价,反映的是学生前期的学习成效。

如果说单元教学设计需要系统规划的话,评价亦是如此。自然嵌入单元教学设计之中的评价活动,能为师生的教学准备、进度调整、过程优化等提供有价值的参考信息。

(二)评价框架

评价是单元教学设计的基本要素之一,同时又自成一个完整的系统。单元教学设计中,不仅是要考虑在哪个教学环节设置评价活动,还要考虑较为完备的评价框架。评价框架包含评价对象、评价目标、评价主体、评价载体、评价指标及评价反馈等环节,这些环节紧密联系、互为制约(见图 4-3)。例如,评

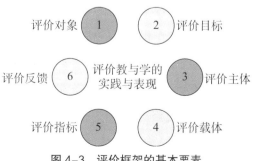

图 4-3　评价框架的基本要素

价对象、评价目标影响着评价载体的选择及评价指标的制定,若是检测学生历史核心知识的掌握情况,可通过填空题、选择题等评价方式直接进行即时检测;若是检测学生历史思维能力的变化情况,可能这种即时、直接的评价方式就不适用,而要选择情境问题、历史实践活动等表现性评价方式,尽可能外显学生的历史思维变化过程,以此为依据进行综合评价。

1. 评价流程

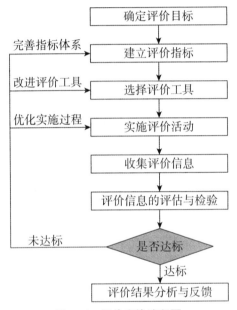

图4-4 评价实施流程图

若要让评价框架中的各个环节有序运转起来,就要形成一个动态有序的运行流程,这样才能保证教学的有效运作及教学质量的持续提升。(见图4-4)

以单元教学中某个评价活动为例,若是学生的学业评价,那么评价流程的终点是学生,其大致运作流程为:首先是确定评价目标,依据学业水平达成特征的描述制定评价指标体系,并选择或设计符合评价对象的评价工具。在实施评价活动的过程中要注意过程性评价信息的搜集与保存,然后对评价信息作出初步评判。之所以要对评价信息进行初步评判,主要是为了判别评价指标、评价工具及评价活动等是否契合目标、符合要求,这个环节决定了获取的评价信息是否可以被采信。若是符合要求,就直接进入评价结果的具体分析和反馈环节。若是发现所获得的评价信息与预估情况有较大差异,或是出现了明显操作程序上的错误等,就要对前期评价活动的几个关键环节进行自查,如制定的评价指标是否科学、选择的评价工具是否匹配、具体操作的评价过程是否规范等。通过研判决定此次评价信息是否可以采信,或是对存在问题的评价环节及时修正,为下一次评价活动做准备。这个评价流程不仅能给教师的教学问诊把脉、分析原因,促进教学的有序化、针对性,而且能持续不断发挥其指导调整、激励的功能。

2. 有效反馈

反馈是评价活动体现价值的关键所在，只有做到有效反馈才能真正发挥评价促进教与学的作用。虽说评价过程中所获得的信息能对教师组织教学活动的策略、程序等提供纠错参考，又能帮助学生进行学习策略的优化调整，但若是反馈时机、内容及相关指导建议未能做到适时适切的话，那么结果可能会大打折扣。

（1）评价反馈能及时

及时给予学生评价反馈信息，能为学生正在进行或即将开启的学习任务予以指导，尽可能与学生的学习任务相匹配的反馈指导，较易被学生接受，更具有针对性和指导性。若是学生完成学习任务后，间隔较长时间才给予反馈信息，此时学生可能已进入了一个新的学习情境，对上一个学习任务的反馈信息关注度会有所下降，评价作用也会随之下降。

这里值得指出的是，"及时"反馈并不都是"即时"反馈，有些时候并不适合当即予以评价反馈。例如，在课堂互答环节中，特别是对开放性问题的探讨，教师不宜马上对学生的回答予以反馈，应给学生独立思考的时间与空间，让学生在互相讨论中碰撞出更多的思想火花，教师的点评可以滞后一些，甚至于视情况当堂不予置评，以激发学生对问题的继续探究。因此，这里对"及时"的理解可以是"恰逢其时"，即在学习任务进行中或结束后的恰当时机进行反馈。

（2）评价反馈易理解

评判反馈是否有效主要在于被评价者，而被评价者作出评判的前提是能理解反馈信息。就如同评价指标必须表述准确明了才能让评价者作出正确的评估，反馈信息也必须是清晰明了的，才能让接受信息的人明确哪些做到很好，哪些有待改进，包括给予一些具体且有操作性的改进建议，这样接受信息的人才能知道接下去要做什么，否则可能会因不理解而产生困惑，反而致使评价成为无效行为。例如，在表现性评价的指标描述中往往会用到一些行为特征的文字表述，教师可以让学生共同参与评价指标的讨论与研制，因为这个过程有利于学生明晰评价指标的具体要求是什么，接收到反馈信息时学生比较容易理

解，并能及时作出相应的回馈或改进。

（3）评价建议可操作

评价能否在学生的学习改进中发挥作用，还有关键性的一步就是反馈中的建议指导。学生通过反馈信息了解到自己的优势与不足，并会在新的学习任务中予以改进。在单元教学中，当出现反馈信息量比较大，或者学生需要改进的点较多的情况，此时反馈信息中的建议指导就是关键了。面对太多的问题，学生可能会感到无从改起，抓不住重点或索性放弃。对此，教师针对问题提出一些改进建议，要能切中要点、有可操作性，这样评价才会起到事半功倍的作用。

二、关注学习过程的评价实施

当评价目的不再局限于学业成绩的分数评定，还包括对学生学习难点、困惑点及错误点的诊断，对学生学科核心素养落实、历史判断力培养达成水平的评测，并为学生的自主学习、优化学习和深度学习提出建议，同时给教师的教学设计与实施的调整、改进提供有价值的依据，此时在学科核心素养指引下的各个评价环节所关注的重点也会随之发生变化。

（一）聚焦学生能力

基于历史课程标准的高中历史学习不仅是对"史实"或"概念"的认知，还要关注学生对历史问题独立思考、辨析评判的能力培养，以及在分析、解决历史问题过程中所表现出的历史观、世界观和价值观等综合素养的提升。鉴于这种情况，还需通过对学生外显的言行、意识等进行观察，从而对学生学科思维能力、情感态度等作出综合评价。

单元视角下实施历史教学，学生学科核心素养的培养及评价活动应具有一定持续性，这样更易观察学生在学习过程中的成长发展，如形成性评价就能成为记录学生学科能力变化的可视化档案。单元视角下的评价不只是期中、期末测试等某个特定时间点的学业检测，而应贯穿于单元教学活动之中，持续关注学生学习动态的每个变化节点。既能对学生当节点的学习状态进行诊断，又能发挥推进学生学习深入的作用。

以《中外历史纲要（下）》第四单元《资本主义制度的确立》的教学为例。基于单元教学目标、内容和学情等因素的综合考虑，教师可以把学生解决问题链过程中的表现视为一类形成性评价。本单元的主要内容为，随着西欧资本主义的发展，新兴资产阶级掀起了一场旷日持久的思想解放运动，从文艺复兴、宗教改革到启蒙运动，其间近代科学的兴起，进一步促进了思想解放与社会进步。思想变革成为社会变革的先导，在欧洲思想解放运动的影响下，欧美主要国家发生了资产阶级革命和改革，确立了资本主义制度。随着资本主义经济的进一步发展，资产阶级力量的不断壮大，资本主义开始了全球的扩展，19 世纪中期后，更多的国家确立了资本主义制度。本单元的两课内容有着因果逻辑关系，而且单课内容的历史时序、递进逻辑关系也是比较清晰的。教学中，教师通过设置问题链，把课堂中师生问答等作为观测点来判断学生史实掌握与运用的情况，以及学科思维能力的变化等。本单元学习主题是"思想解放与社会变革"，思想解放是社会变革的先导，但进步思想的产生与发展并不是凭空出世的，而是一定时代社会发展的反映与结果。因此，思想变革是社会变革的先导，是教学实施的明线，引导学生从问题分析入手体悟社会存在与社会意识的辩证关系则是暗线。

进入第 8 课《欧洲的思想解放运动》教学时，师生围绕"文艺复兴只是西方古典文化的'再生'吗？为什么""为何 18 世纪后期启蒙运动的发展达到了高潮"等问题，在研讨中认识到文艺复兴是资本主义经济萌芽和发展的必然结果，而 18 世纪启蒙运动发展到高潮，既是继文艺复兴、宗教改革等思想解放运动的延伸发展，更是当时商业革命、产业革命、思想革命相互推动的影响。通过问题探究，引导学生加深对欧洲思想解放运动的本质认识，也让学生认识其产生与发展的经济和社会基础。在第 9 课《资产阶级革命与资本主义制度的确立》教学中，师生围绕"欧美主要国家在资产阶级革命和资本主义制度确立过程中，初步实现了启蒙思想家的哪些政治理念""为何欧美等国确立的资本主义政治制度呈现出了不同的形态"等问题展开进一步研讨，理解历史进程中的结果往往是多种力量、因素共同影响的产物，感悟历史发展的复杂性、多样性。

研讨过程中，学生对学习主题"思想解放与社会变革"有了深入的理解，意识到思想解放是社会变革的先导，并能产生巨大的现实力量。面对当今世界各种社会思潮交流、交锋的现状，教师可依据学生的学习基础与状况，立足当时当景，进行拓展问题的研讨，引导学生运用历史学习中的现象分析、起因探究等思维方法，由此及彼，对现实问题作出符合逻辑、符合实际的评析。比如，"思想解放是对传统的全盘否定或抛弃吗？""欧美国家基于国情而确立了形式各异的政治制度，可以给我们优秀传统文化的传承发展带来怎样的启示？""你是如何思考优秀传统文化的当代价值与意义的？"等等。学生基于史实的评析和表述，能反映他们对历史史实的掌握与运用程度，也能反映他们以历史的视角与问题分析的方法来解决历史或现实问题的思维路径与能力表现。

（二）表现性评价

依据课程标准的教学实施建议，教师可以设计有针对性、可视化的探究性、项目化作业，以激发学生的学习兴趣，并以此作为学生学科能力习得与变化的观察点和评价依据。这类探究性、项目化作业的设计，在条件允许的情况下，可以设计为结合真实情境、真实问题的表现性评价。若是学生明确了学习要求及指向成果的评价指标，整个任务完成过程不仅会成为培养学生解决问题能力的过程，也是观察评判学生能力素养变化的过程，并可结合过程性表现和完成学习任务的成效来衡量学生的学习质量。

1. 表现性评价的研制

教师该如何来设计表现性评价，在设计过程中又需要关注哪些问题呢？通常情况下，表现性评价的研制步骤如下（见图4-5）：[①]

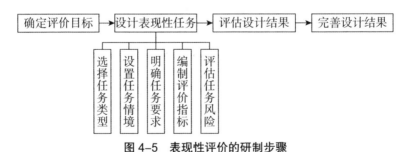

图4-5　表现性评价的研制步骤

① 邵朝友.指向核心素养的逆向课程设计［M］.上海：华东师范大学出版社，2019：85.

（1）确定评价目标

评价目标是整个学习任务和指标研制的大方向。只有明晰评价目标，才能做到后续工作有正确的指向。

（2）设计评价任务

首先是依据单元内容、评价目标等确定评价任务类型，比如课堂问题研讨、课外阅读写作、社会考察活动等。评价任务有简单和复杂、完成周期较长或较短之分，这都需要结合教学实际条件等进行综合考量。

确定评价任务类型后，为了能更好地观测学生的能力、意识等有内隐性特征的能力素养表现，要尽可能地使任务情境具有一定挑战性，在真实情境之下，或是解决真实的问题，这样就能观察学生更为真实的表现，作为评价学生是否具备相关能力的依据。

然后对评价任务进行分解，明确具体的任务要求，并将任务项目、要求描述及相应的能力表现特征演化为评价指标。为了确保评价效度，需要考量完成任务的基础条件对学生是否公平，可以在任务实施前就让学生明确学习任务的具体要求，还可以依据学习任务的具体情况，让学生共同参与评判学习结果的评价指标研制。

针对一些具有挑战性，可预估风险性的评价任务，诸如社会考察类任务，还应有任务风险预估，评价方案设计中须包含预设保障措施。

（3）评价设计方案

这是对表现性评价方案进行评估的环节。通过对整个设计方案的各个环节的推演、预判，包括任务设计是否与评价目标一致，评价指标是否与任务类型匹配，是否对干扰性因素有了充分考量，评价过程中若发现新问题是否有修正预案等，最后在评价方案实施前作出完善与修改。

2. 案例演示

围绕"21世纪，如何维护和平、发展、合作、共赢的时代潮流？"的主题学习，教师将评价任务设计为开放式作业，并依据学生的完成情况予以评价。[①]

---

① 案例提供者上海市复旦大学附属中学李峻老师。

任务一：要求学生为在抗日战争中为国牺牲的中国将士设计一个纪念碑，并撰写纪念碑文。

任务二：要求学生聚焦主题选择三个国家，为其建立国家记忆公园选址，并撰写选址理由。

这份作业的完成，需要学生基于人类文明发展史的视角，学习和熟悉相关国家在特定时期的历史、地理、人文概况，基于整体了解的基础上才能作出相应的判断和选择。特别是关于纪念碑的设计、碑文的撰写、公园的选址等，这些作业任务的完成不仅需要相关历史知识，还会涉及语文、艺术、地理等多学科的知识背景，以及综合分析、理解的能力等要求。分析、评价、创造被认为是高阶思维的必备要素，因此，完成任务的过程也是学生在"理解问题、建构问题、表征问题、解决问题、结果交流、反思修正"中经历高阶思维和能力发展的过程。完成任务的过程中，学生在语言或文字表达方面的变化，也可以展现学生在解决问题过程中的思维方式、思维过程，并在与他人交流的思维碰撞中反思自己并不断修正观点，形成更符合逻辑的推理，提升学习自信心。

针对这一类开放式作业，教师也研制了相应的评价指标。以纪念碑设计为例（见表4-3）：①

表4-3 "国家记忆公园选址"评价指标

标准\理由	超过标准（5分）	达到标准（4分）	接近标准（3分）	尝试标准（2分）
契合程度	与主题联系密切	与主题有一定关联	与主题关联不大	与主题无关联
理由阐述	符合历史逻辑，举证翔实	符合历史逻辑，有举证	基本符合历史逻辑，缺少举证	不符合历史逻辑，无举证
文字表述	表述通畅，用词恰当	基本通顺，用词准确	表述牵强，有不当用词	词不达意，条理不清

---

① 此表改编自李峻《培养高中生判断力的教学思考与实施抓手》中的"表3：国家纪念碑设计与选址评价标准"。

再以主题学习"亚非拉国家的现代抉择"的表现性评价设计为例。由于主题内容以往不是教学关注的重点或热点，教材中涉及的亚非拉地区的国家、史实头绪也较多。设计评价任务时，一方面考虑到学生对主题内容的了解并不多，教材中涉及的国家多，内容陈述也比较概括；另一方面整个主题学习要跨越多个单元，教学周期长，这为长文本的阅读提供了条件。若采用持续性作业的形式，可以激发学生对主题内容的持续关注，也可以把学生的学习渐变过程形成可视化、过程化的记录。基于以上的分析，教师最终依据学习目标和学情设计了一份阅读作业：

围绕新航路开辟后亚非拉国家的历史发展脉络，由学生自主选择亚非拉的某一国家进行专题阅读研究，当然依据学情，教师也可以推荐学生聚焦一个或几个典型国家，采用教师推荐书目和学生自主查阅资料相结合的方式。具体作业要求如下：

任务一：制作该国从新航路开辟至今的大事年表，入选事件不少于10件，并说明入选理由。

任务二：依据阅读心得撰写一份学习报告，内容包含对该国"过去""现在"历史发展的评析。学习报告的标题自拟。

这份基于教材内容、围绕主题的阅读作业，不仅是引导学生自主开展研究性阅读学习，而且贯穿整个主题教学过程的始终。教师依据教学进度安排，可以要求学生对提交的作业，随着教学的不断深入进行修改，并保留每一次的修改痕迹。教师通过作业的补充、删减等修改记录，了解学生对学习主题的认识变化，这份可持续的阅读作业使学生的思维过程变得可视化、可评价，也是展开跟踪评价的生动依据；随着主题学习的深入，学生在"阅读修改—认识提升—阅读修改—认识提升"的螺旋推进模式下，加深了对学习内容的理解与感悟，学生的问题分析能力在输入与输出的往复过程中得以发展，这个修改记录是学生对历史问题的认识与思考变化的外显痕迹，也为学习评价提供了一份有迹可循的过程性资料。

鉴于这是一个历史情境、现实意义兼具的学习主题，最后在学生关于"当前世界背景下，发展中国家如何来应对挑战、走向未来"的问题研讨中，教师可以指导学生进行拓展学习，以《某某国家发展现状的分析与建议》为题，通过微课、微报告等形式展示个人延续主题学习的成果。这既是学生主题学习成果的集中体现，也能引导学生运用历史研究的观点与方法思考与解释现实中的问题。

第三节　以可视思维完善能力评价

作业是课改中不可或缺的关键部分，是课堂教学的延伸、教学观的体现和浓缩，也是反馈、调控教学过程的实践活动。多元化的作业设计可以激发学生的学习内驱力，让学生在问题解决的过程中提升能力素养。

一、历史思维过程"可视化"的作业设计

2017年版高中历史课程标准提出要"教会学生怎样学习，怎样思考，怎样全面认识社会"，也提倡"引导学生主动参与、乐于探究、勤于动手，逐步培养学生收集和处理科学信息的能力、获得新知识的能力、分析问题和解决问题的能力，以及交流与合作的能力"。强调"充分挖掘校外的物质课程资源，主要有历史遗迹、遗址、博物馆、纪念馆、展览馆、档案馆、爱国主义教育基地等等。"作业是学生自主学习的内化过程。如何优化与创新作业设计，在突出知识性、实践性、趣味性及整合性的同时，能有效发挥对教与学的评价作用，让作业呈现学生内化的思维过程及成果成为团队成员的研究方向。

"可视化"的概念在许多领域都有使用，广义上讲是将抽象的事物或过程变成图形、图像等图示方式。"可视化学习"是指充分利用知识可视化学习资源，通过思维的可视化工具进行分析思考，并利用数据可视化的方法进行学习评价，以促进学生个性化学习能力发展的学习方式。"可视化"作业就是借鉴了上述研究。

（一）"可视化"历史作业的目标与类型

"可视化"作业主要分为作业内容"可视化"与设计策略"可视化"两大类。

前者从作业内容和形式入手,围绕主题或关键词,运用一系列图示技术,诸如思维导图、地图、流程图、年表等进行设计,侧重于实践探究,内容上体现出个性化、生活化和社会化。作业内容"可视化"好比将学生头脑中思考的各种问题信息,以图像、图表等看得见的形式展现出来以供交流与评价。后者则通过教学中的预设,强调要从"宏观理念—中观流程与工具—微观问题"的角度进行系统思考,将作业设计思路和作业评估指标相结合,通过作业设计前的"设计流程图"、作业设计中的"思维过程记录表"和作业设计后的"反思评价表"来共同保障作业设计的质量①,形成更全局、更宏观的视角。在历史教学中,较为常用的"可视化"作业有思维导图、示意图、微辩论、微论坛、微视频、漫话历史等等。

1."可视化"历史作业的目标

"可视化"历史作业以知识、方法的运用及问题的探究为核心,"自主选择、内容开放、情境体验、活动建构、生成智慧"是其内涵,激励和引导学生以研究者的角色完成作业任务。

(1)创设情境促进知识迁移,提升学习能力与思维品质

基于课程的作业设计要凸显能力素养指向,依据教学需要选择和设计内容,明确知识和能力的承载,包括目标描述、学习水平要素等,使作业成为学生主动参与学习的活动,以及发现问题和解决问题的活动。例如,在《中外历史纲要》教学中,关于古代文明和古代文化的教学,由于内容多样难以在有限课时一一落实。于是团队成员就采用预习作业和复习作业的形式,以绘制文化图表、"文明寻踪"路线图等学习活动,引导学生梳理知识之间的逻辑关系,并展示学生对历史问题的思考过程。这样的"可视化"作业较为关注学生实践探究的过程,内容形式也较为多样、开放,通过创设不同的历史情境促进学生的知识能力迁移和历史思维能力提升。

(2)重视过程促进知识内化,强化学习内驱力与情感体验

课程标准指出:"从学生熟悉的生活情境与世界出发,选择学生身边的,感

① 王月芬.课程视域下的作业设计研究[D].上海:华东师范大学,2015:171-172.

兴趣的事物，以激发学生学习的兴趣与动机。"相关研究也表明，学生对于挑战已有知识与经验或与原有认知形成冲突，且形式多样的作业，情感投入更多，认知参与度更高。

"可视化"作业强调从学习者角度出发，依据学生年龄特点和认知规律来设计作业，注重学生自我体验、自主探究、自我感悟的学习过程。因此，作业设计要"引"中有"探"，"探"中有"引"，"引"指导"探"，"探"检验"引"，让学生在真实世界和抽象思维之间不断建立关联，以推进深入地思考和学习。尤其是围绕某一主题或问题展开的长时段作业设计，可为学生提供更为充裕的学习体验空间。

历史作业可以与解决情境中的实际问题结合在一起，引导学生的学习方式向"自主、合作、探究"转变，强调学生"学"的过程，比如，浓缩世界史——大英博物馆百物展海报设计、"云打卡"紫禁城等作业，学生可以自主查阅相关网站资料，选取作为典型代表的史料，然后进行分析叙述，呈现自己的学习成果。在此过程中，学习与分享的愉悦感是学生的学习内驱力。

又如，高一历史教学中，团队成员经常会采用思维导图或概念图的"可视化"作业形式，将一些概念通过一定的逻辑关系串联起来。这不但有助于学生对所学知识的吸收和消化，更有助于使所学知识系统化、有序化。思维导图或概念图以丰富的信息表达方式，构建了学科知识框架，促进了发散思维的形成，也促进了系统思维的发展，提高了学生的学习兴趣。

（3）设计开放促进知识综合，培养探究精神与合作意识

"可视化"作业与教学是互为交融的关系。综合课程标准要求与学情实际，作业设计具有"目标导向、系统思考"的特征，作业内容不局限于历史学科本身，综合丰富的、跨学科知识，联系学生知识应用的实际，体现综合性、系统性；作业时间鼓励打破常规作业的即时性，围绕主题采用中长周期作业，适应能力素养培养的持续性特点；作业形式体现为多样性、层次性和差异性，以增加学生的选择性，并强调自主与合作相结合的作业完成形式。

总之，"可视化"作业的目标重心是学生对所学的应用能力、新情境问题的探究能力的培养与考查。可以在不同的学习环节，选择设计不同功能的"可视

化"作业来支持有效学习。

2."可视化"历史作业的类型

作业本身不是目的而是手段。"可视化"作业强调创设问题情境，引导和激发学生综合运用课内外所学知识来分析、解决问题，强化对所学内容的理解、应用和迁移能力。"可视化"作业的类型，从时间维度划分，包括课时作业、单元作业、学期作业等；从形式维度划分，分为制作历史图表或大事年表、创作思维导图或概念图、撰写历史小论文或剧本等；从内容维度划分，可分为历史学科作业、跨学科作业等。可依据课程目标、教学内容、学情实际等进行选择应用，本章内容重点就课时作业、单元作业和学期作业的设计进行分析介绍。

（1）课时作业

课时作业是指围绕单课教学内容而设计的常规性作业，用于课前预习和课后巩固。面对课时有限、教学容量较大的实际情况，课时作业由于相对用时少，以独立完成形式居多，因而其应用性、可行性比较高。即便如此，"可视化"手段还是能适当融入作业设计之中，丰富作业呈现方式，增强作业"亲和力"，更能充分调动学生的学习兴趣。主要可采用的形式如下：

第一，制作历史图表或大事年表。学生将不同的历史知识进行对比时，以图表形式进行整理、归纳和比较，既锻炼了学生整合历史信息的能力，又能有效落实学科核心素养。

例如，在《中外历史纲要（上）》第 1 课教学中，学生接触到的旧石器、新石器时代的文化遗址较为庞杂，团队成员让学生以手绘地图的方式，在中国地图上标记出各个典型的文化遗址以及其文化特征。在绘制过程中，学生对各个文化遗址在时间和空间上的直观认知及联系，更好地建立起对中华文明起源特征的体悟。还有学生通过查阅资料，将自己认为该遗址最具代表的考古发现一并绘制于地图上。在动手制作中，学生得以亲身感悟中华文明的源远流长，呈现不同人眼中的中华文明样态。这类作业形象、生动，激发了学生的学习兴趣，充分发挥了学生的想象力，有效提升了学科能力。

第二，绘制思维导图或概念图。思维导图是一种发散性思维的图形表达形式，多应用于读书笔记、复习巩固等作业。概念图是多线性的思维表达方式，常以连线联结相关概念和主题，表现形式多为网状结构。当历史概念无法被直接理解时，历史阅读思考过程无法直接呈现时，历史事件关系错综复杂无法直接表述时……思维导图或概念图是有效的解决方案，可用图示构建核心概念和主要知识之间的链接，提纲挈领地展现思维分析和问题解决的过程。

例如，《中外历史纲要（上）》第五单元第17课《国家出路的探索与列强侵略的加剧》的作业，团队成员设计了一份课前作业：选择一则关于甲午中日战争北洋舰队战败的解释性陈述，同时选择和阅读与该解释相关的原始史料，制作"甲午战争中的真实与谬误"的思维导图，并于课前组织了作业展示交流。（见图4-6）

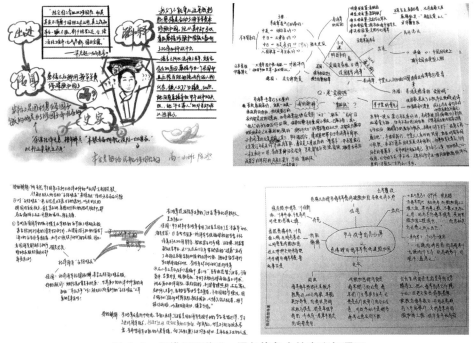

图4-6　思维导图作业：甲午战争中的真实与谬误

这份作业设计要求学生引用与历史解释相关的原始史料，最大限度地实现对历史事实的"重现"，思考历史解释是否得到原始史料的印证，而思维导图旨在引导学生检视思维逻辑的合理性。制作思维导图时，"如何学习"和"如何思维"是关键，用"画"的方法来记录思考和创作的过程，能清晰地描绘出思维的路径和层次。思维导图式的作业形式应用较为广泛，可结合预习、复习等探究活动进行设计。

实践表明，历史图表类的"可视化"作业，需要关注学生对文献史料的汲取甄别、解释评价能力的培养，为此研究团队设计了评价量表对学生作业进行评价。（见表4-4）

表4-4　历史图标类"可视化"作业评价量表设计

	水平 1	水平 2	水平 3
甄别	对历史问题的描述不准确，或遗漏关键信息。	对历史问题的描述基本准确，或遗漏一些次要信息。	对历史问题的描述准确、完整，引用关键信息正确。
解释	对提供的原始史料解读有误。	对提供的原始史料解读基本准确。	对提供的原始史料解读准确。
论证	用一个或多个来自原始史料的引文来支持结论，但与结论无关。	用一个或多个来自原始史料的引文来支持结论，部分史料无法说明结论。	用一个或多个来自原始史料的引文来支持结论，史论结合，论从史出。

有效阅读、摘要笔记是学生须养成的基本学习方法和习惯，有助于学生对历史知识的宏观把握和归纳概括能力的发展。类似于历史图表等作业多用于复习、巩固阶段，若是学生学习能力尚有不足的话，也可以尝试学生小组合作完成的形式。

（2）单元作业

单元作业是指依据学习目标，基于一定的单元内容而设计的作业。确定学习单元主要有两种方式：一种方式是以教材原有的自然章节作为学习单元，另一种方式是围绕某个专题或学科关键能力对教材内容进行整合重组形成学习单元。

比如，团队成员根据《中外历史纲要（下）》第一、二单元的学习内容设计了作业《大英博物馆中的世界古代史》。①教学初始，学生自主形成学习小组，通过浏览数字博物馆网站内容，自行选择1—2件（组）大英博物馆的馆藏文物，

---

① 本案例素材由华东师范大学第一附属中学卫佳琪老师提供。

以发现者的视角,挖掘文物背后鲜为人知的细节、历史事件或人物故事,从文物中发现历史的痕迹。大英博物馆的展品不仅呈现了古老文明的辉煌,也反映了近代英国殖民扩张的史实。学生在准备展示内容时,历史的亲历感强,尤其是文物辗转流变的历程让他们情绪激昂,既感受到做作业的乐趣,又培养了学生观察、思维能力和历史知识的应用能力。(见表4-5)

表4-5 "线上博物馆文物鉴赏"活动设计

史学方法 \ 活动说	思想	方法	史料呈现
1 史料分类	分类	把握文献\实物\口述等概念	类型化
2 史料证实与证伪	求真	孤证不立、两重证据法	冲突化
3 史料数字化	精确	史料的信息处理与整理	数据化
4 历史心理推演	神入	同情之理解	情景化
5 历史分析与归纳(比较与统整)	分析归纳	强化时空观念、历史解释	多样化
6 历史与时代性、主观性	历史思辨本质	一切历史都是当代史 历史是由不同的人书写	多角度

又如,《中外历史纲要(上)》第8课《三国至隋唐的文化》的学习作业是"利用博物馆数字资源解析历史密码"[①]。魏晋南北朝至隋唐时期既有思想层面的三教鼎立之势,在文学艺术方面亦是多姿多彩,彰显了当时中外交流时异域文化与中国文化的相互影响。因此,团队成员利用各大博物馆电子网站(包括敦煌壁画、龙门石窟)的资源支持设计了这份作业。学生通过网站资源的查阅、学习后,选取1—2个最具代表性的史料,并在课堂中交流呈现。学生在交流时需说明选取的史料是什么,选取的理由以及该史料能够反映当时社会的哪些现象特征。为此,学生还会前往一些博物馆进行观展,如上海博物馆的唐代黑石号沉船出水珍品展中的部分展品,就被学生用来展现唐朝时期的社会风貌。为

---

① 本案例素材由华东师范大学第一附属中学卫佳琪老师提供。

了让学生能更好地入情入境，团队成员设计了这样一个情境："如果你是当时的一名商人，你会……"这使学生的交流展示还要符合一定的历史情境，即"商人所属的民族／国家、所处的地点、用于换出或者出售的物品、用于换入或者购入的物品、行囊中可能还会出现的物品"，等等。这时，学生的交流不仅是介绍一件件文物或者一则则史料，而且能够带入情境，呈现历史场景。借助这份可视化作业，学生得以领略到三国至隋唐时期不同时空下的文化篇章，感悟文化成就既折射了时代风貌，同时也是中国社会历史变迁的产物。在充分发挥学生想象力的同时，引导他们基于史料和历史语境将零散的知识点系统化，由此作业也转化为了教学资源。同样利用博物馆数字资源也可以在清朝前中期的鼎盛与危机、明至清中叶的经济与文化等几课中呈现。2020 年恰逢故宫 600 年，团队成员就借助时下"江南百景图"之名，引导学生借助史料打造属于他们的江南百景。

当然，与之相类似的作业不宜过于频繁，以免造成学生负担。同时，"可视化"作业也要视具体学情而用，可以是依次递进，从学生自己挑选史料开始，进而让学生再分析史料，最终再结合史料阐述自己的观点。通过"可视化"作业的慢慢推进，能给学生不断探究深入的体验，使其神入历史。

单元作业为系统思考教学、作业的关系提供了条件。课时作业多数是独立于教学设计之外，而单元作业是单元教学设计的一个组成部分，能更好地实现"教—学—评"的一体化。

（3）学期作业

学期作业是以学期为单位，一般在学期开始或结束时布置的"大作业"，具有时间跨度较长、内容涵盖范围较广的特点。团队成员基于一学期的教学内容，选取合适的主题，这个主题可以是一个话题，或一个专题，或一个关键能力，或一个真实问题，还可以是一个综合性的项目任务等，形成一份围绕主题的相对独立且自成体系的作业内容。

例如，学生撰写历史小论文。历史小论文的"可视化"设计，可侧重于设计策略的"可视化"和展示交流的"可视化"。论文选题设计时，可将史料的知识元素、检测的学科能力等以图示形式展现，使得"可视化"作业更加有的

放矢。选题的难度设计应循序渐进，切合学生实际，能激发学生的写作愿望。（见表4-6）

表4-6　历史小论文作业类型

类型	主要内容
人物评价类	重要历史人物对历史发展有着重要影响。评价关键要全面、客观，能做到一分为二辩证地看问题。这对培养学生的辩证史观大有裨益。
历史事件（现象）分析类	不同的人对同一事件会有不同的看法，从不同角度分析会得出不同的结论，不同时期对同一段历史认识也会有不同的评价。对于中学生而言，要形成对历史比较全面的认识，需要在历史学习中锻炼、培养历史思维能力。
读书笔记类	文史作品可以帮助学生了解教材以外的历史。在中学阶段，学生必须完成一定量的优秀书籍的阅读，并在读书笔记中分析作品折射出的社会背景和反映的社会现实。
社会调查类	诸如南京大屠杀纪念日调查、科技怎样影响人类生活都可以制成调查问卷进行社会调查，形成以统计数据为基础支撑的小论文。
特定类型	要求学生为某公众号撰写一篇以历史上的疾病为主题的推送，作为二战士兵写一篇回忆录等。需要学生注意不同类型文章的写作风格和受众特点。

论文写作过程集探究、搜集、论述和评议于一体，可以提高学生的探究和思辨能力，提升史料实证和历史解释的核心素养。在论文交流展示环节，可以提供一份评价标准，诸如"我有没有找到大量好的史料，有没有进行删选和重组，我的文章多大程度上是原创，是否有效地论证了自己的观点，还可以从哪些方面进行改进"等，学生可据此进行自我评价，教师引导学生反思自己的研究和创作过程，审视论文的论证过程。

演讲和辩论也是"可视化"作业的一种典型形式。通过演讲和辩论，可以更直观地展示学生的论点和论据，同时也提供了观点交流与碰撞的平台。学生通过对历史问题的深入、客观、理性分析，呈现出语言表达、信息检索、批判性思维等能力的综合运用。

又如，组织学生进行"历史·当下·未来"的话题展示。所谓话题就是演讲,相比演讲,话题更显亲切,选材内容也更宽泛。为了不增加学生学业负担,话题一般是每节历史课抽出五分钟时间由两个学生"说话",展示要求是话题属于历史范畴、叙述完整、语音清晰、态度自然。设计原则是循序渐进、由易到难。第一轮学生自选题材,可以是自己感兴趣的历史问题、时事热点的背景介绍、介绍自己最近阅读的历史书籍或观看的历史影视作品等;第二轮结合教材内容,团队成员进行命题。例如,在《中外历史纲要(下)》第三单元《走向整体的世界》中,教师设计了"全球化与疾病"的单元作业,要求学生结合所学历史,分别从"中世纪的黑死病""天花与明清政局""印第安人与天花""黄热病与海地革命"四个小专题进行学习分享。亲切随意的"话题"形式,消除了学生的怯场心理,契合时局的单元作业,调动了学生的学习积极性。当谈及"新冠病毒下的全球化趋势会终结吗"这一问题时,学生的发言令人印象深刻,诸如"疫情之后,曾经熟悉的这个全球化世界,可能会变成另外一副模样。将来即使在疫情之后出现解封,国与国之间的联系往来也未必能回到过去的状态。疫情的快速扩散只是人们对全球化最表层的担忧,对于经济衰退的恐惧才是这一轮全球化退潮的最大推动力。""从近期来看,疫情引发的全球经济危机,加速了过去五年去全球化与逆全球化的浪潮。全球化真的即将寿终正寝了吗?从长期来看,人类的历史几乎是与疾病相伴的,全球化也是在曲折回转中发展的,未来十年的大趋势到底是去全球化、逆全球化,还是克服了当前障碍之后的继续全球化?以史为鉴,我更倾向于全球化依然发展,但不会沿着我们之前熟悉的一条直线向前走,一定会有反复,甚至需要花很长时间调整。"在分享交流的过程中,学生结合已有知识,以多种史料来印证观点,表达他们对问题的理解及自己在解决问题过程中的思考、举证,个性化、原创性地提出解决历史、现实乃至未来问题的可行性举措。

对于历史小论文、历史演讲、历史辩论类的"可视化"作业的评价,不仅是要评价学生是否做了、做的结果怎样,更要关注学生具体做的过程及成果展示和交流,引导学生在自评、他评中反思观点,在交流互动中完善认识。作业评价时可参考能力分层:(见表4-7)

表4-7 历史小论文、演讲、辩论类的"可视化"作业能力评价表格①

水平1	能发现史实间主要特征的异同点。能将史料与历史叙述进行对比,分析两者的关联性。
水平2	透过作者的时代背景、个人好恶、关注差异、知识背景、主流舆论等,说明历史解释不同的成因。
水平3	运用唯物史观,多视角的解释和评价历史人物、历史事件。
水平4	质疑有明显缺陷的历史叙述、解释和评价,反思验证自己认识问题的正确和准确程度。

总的来看,课时、单元和学期作业是相互依托、逐步递进的作业设计,也呈现出不同的特征(见表4-8),设计时需要结合具体学习内容、学生特点、资源环境等因素进行综合考虑。

表4-8 "可视化"作业类型

	时空观念	史料实证	历史解释	家国情怀	唯物史观	课时作业	单元作业	学期作业
历史图表	●	●	◎	○	○	●	●	○
思维导图	●	●	●	○	◎	●	◎	○
漫画历史	◎	◎	●	●	◎	○	◎	●
历史微论坛	●	●	●	●	●	○	●	◎
历史写作	●	●	●	●	●	●	◎	●

说明:○表示难以表现;◎表示能够体现;●表示能够充分体现。

(二)"可视化"历史作业的评价方式

不论是历史图表、大事年表、思维导图,还是历史小论文、历史演讲或辩论等作业,都能较为集中地体现学生集证辨据、逻辑推理、解释评价、问题解决等能力,也是学生历史学科判断力培养与评测的良好途径。例如,学生在绘制大事年表时,会选择哪些事件作为"大事",在史实、时空维度下有没有错误,能

① 本表中的部分内容参考上海市教育委员会教学研究室《教学与评价的风向标——上海中小学各学科核心素养研究》中的"中学历史学科的关键能力具体表现表"而制定。

不能分析事件之间的内在联系，能不能分析未来走向，能不能提出解决问题的措施等，都可以是能力评价依据。

　　经过实践研究，团队初步形成了"可视化"作业评价的基本步骤：依据课程标准，进行能力评估目标分类；依照能力目标分类，编制评估方案；依据评估方案，制定评估问卷；依据评估结果，调整评估设计。（见图4-7）

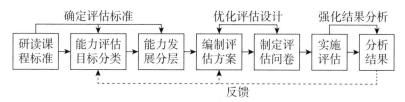

图4-7　步骤模型图

　　课时作业更多围绕课堂教学内容，单元作业和学期作业开放性更大，可尝试更多形式和更广泛主题。但对于单元和学期作业的评价也要有的放矢，根据不同作业类型等形成个性化的评价。团队参考判断力评价标准，研制了《学生判断力水平层级划分的指向与标准》（见表4-9）。判断标准并不是唯一性的，需要结合"可视化"作业内容和形式来调整或组合。

表4-9　《历史学科"可视化"作业学生判断力水平层级划分的指向与标准》[①]

项目	水平1	水平2	水平3	水平4
分工合作	无分工无合作，没有听取他人观点。	一定程度分工合作，能认真倾听他人观点。	分工合理，合作有序，能认真倾听他人观点，并给予回复。	能倾听并理解他人观点，和他人合作解决问题。
表达展示	无表达无展示。	能用口头、简单示意图等形式交流和展示。	用图解、表演、书面报告等形式交流展示。	紧扣主题，表达清晰，展示充分。
甄别能力	能准确解读史料中的信息，并完整概括出主要内容。	能准确解读史料中的信息，能辨别史料中蕴含的价值判断和观点论述。	能汲取整理史料中的主要信息，能判断、比较各种史料的可靠性。	形成基于史料搜集、信息汲取及价值判断的观念。

---

① 本表中的部分内容参考上海市教育委员会教学研究室《教学与评价的风向标——上海中小学各学科核心素养研究》中的"中学历史学科的关键能力具体表现表"而制定。

项目	水平 1	水平 2	水平 3	水平 4
解释能力	仅能从一个视角就事论事地解释历史现象。	能从两个视角解释历史，并说明解释之所以不同的原因。	能从两个以上视角解释历史，能运用史料验证，提出新的解释。	基于唯物史观，多视角地解释历史。形成对史料、史实和史观的反思习惯与能力。
解决问题能力	无法结合已有历史认识现实问题。	结合已有历史知识，提出解决历史、现实问题的1—2个方案。	结合已有历史知识，个性化、原创性地提出解决历史、现实问题的两个以上可行性措施。	结合已有知识，个性化、原创性地提出解决历史、现实问题的多个可行性措施，并撰写书面叙述性或解释性文章。

二、遵循学生能力发展规律的作业设计

单元或学期的"可视化"历史作业，可以避免从微观角度仅仅把握某个课时而割裂问题，可以从中观角度较为系统地把握学科课程的整体要求。

（一）"可视化"历史作业的整体设计，符合学科素养培养的规律

一是"可视化"作业可以是聚焦一个主题，将不同课时作业的内容、要求进行整体思考，既可以加强不同课时作业内容与要求之间的关联，又可以减少一些仅仅针对低水平目标、反复操练性质的作业在不同课时的简单机械性重复，留出时空增加发展高阶思维的作业比重，减轻学生不必要的作业负担。对作业的整体性思考可以避免不同课时作业内容之间的重复性、低效性。

二是以单元、学期为周期的作业设计从目标、内容、时间、难度等方面进行统筹设置，能更好地实现课时作业之间的关联性与递进性。作业目标既要针对知识技能，还要考虑对能力、态度等方面的培养，同时兼顾学生不同的认知水平，诸多目标很难在一个课时作业中同时实现，但是可以在不同课时作业中进行合理分布与统筹分配，比如一个单元的最后一个课时作业，一般来讲具有一定的应用性、综合性，难度也会相对提高。

三是"可视化"作业的设计应与教学、评价相结合。作业设计需结合学生

培养目标、教学内容、评价要求、资源环境等进行系统思考，在提升作业设计整体质量的同时，发挥作业与教学、评价等育人的协同作用。其实，团队成员对学科课程的整体把握和系统设计能力也会从中得到历练。

（二）"可视化"历史作业的形式创新，有助于学科核心素养的提升

"可视化"作业不是简单的知识巩固，也不是为了追求图文并茂的作业形式。学生在完成作业的过程中，需调动知识储备，整合运用历史知识，以文字和图示的形式梳理历史信息和构建新的知识体系，展示知识迁移和解决问题的路径，实现学科核心素养的发展。

例如，在《中外历史纲要（上）》的教学中，团队成员在第一、三、四、五单元 ① 分别设计了课时作业"历史'打假'"系列、单元作业"从传说、典故中寻找历史"、学期作业"绘就美好生活，书写中国故事"的绘本创作。

首先，在课时作业中，团队成员以"什么是历史"为思考点，围绕教材内容，进行了"历史'打假'之……"系列作业设计，分别有"纣王的罪状""汉武帝的三张面孔""陈桥兵变之谜"等。在"开放性"问题下，引发学生的持续思考，以事实判断为主要着力点，知晓史学研究是如何运用文献记载与考古资料的相互印证来获得确切可靠的历史知识。课时作业系列化的设计，从不同的观察视角建立了课与课的关联。

其次，结合课时作业中习得的知识与方法，团队成员以"从传说、典故中寻找历史"为主题进行了单元作业设计。学生通过采访长辈、查阅历史书籍，寻找分散在各地的具有浓郁乡愁情怀和朴素气息的民间传说、神话故事、生活谚语，寻找与这些传说相关的小说、戏曲等，阐述这些传说的流传与演变。聚焦"如何辨别史料的信度与效度"，引导学生基于"历史语境"合乎逻辑地判断史料的信度，在问题驱动下将历史的过程，以及过程中所包含的时序延展、空间拓展、领域扩展等元素进行有机融合，重在强化和深化理解与分析。

课时作业和单元作业不仅是为了落实学习的知识，更是希望引发学生持续

① 第一单元从中华文明起源到秦汉统一多民族封建国家的建立与巩固、第三单元辽宋夏金元民族政权的并立与元朝的统一、第四单元明清中国版图的奠定与面临的挑战分别属于中国古代史的开端、中段和最后部分。

地思考，"而这些思考恰恰是接近学科本质、涵纳专家素养，是文学家、统计学家和科学家真正的思维方式，能促进学生的深度学习"。[①]

最后，在学期末，团队成员利用假期布置了《绘读中国》的作业。（见图4-8）学生围绕中国传统文化及历史渊源，在绘本中体现人民生活场景、非遗传承等，融合对祖国和家乡的情感、成长的感悟……最终实现中华优秀传统文化和社会主义核心价值观的传承。学生要完成这份作业，首先要寻找合适的主题，然后从历史学科知识入手，寻找相应的史料进行提取、整合、改编、想象与创作。

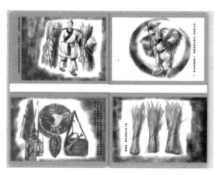

图4-8　高一的学期作业《绘读中华》（部分）

实践过程中也发现了一些问题，例如，有的"可视化"作业需要花费学生较多时间、精力，可谓"高耗低效"；由于作业内容、形式和学习方式的开放性，不能有效平衡教学与作业之间的关系；高中阶段各科作业都在创新发展，学生似乎有些忙于应付；受到已有学习习惯和思维的影响，及学情的差异性，创作、探

---

① 刘微. 深度学习：围绕大概念的教学［J］. 上海教育，2018（18）：57.

究类作业在不同类型学校的开展情况各不相同。针对这些问题，团队成员总结研究、对比分析，在第二阶段的实践中进行了调整。

调整后的"可视化"作业更紧扣教材内容，依据课程标准要求对历史常规作业进行了结构性改革。从教材的"学习拓展"和练习册中寻找作业素材，以单元作业和学期作业为主要形式，在作业体量、完成时间等方面都进行了优化整合。例如，在《中外历史纲要（上）》第29课《改革开放以来的巨大成就》的"学习拓展"中，要求"开展社会调查，围绕收入水平、衣食住行、医疗保障、文化教育、通信手段等主题，对改革开放后身边的家庭和社区变化进行多方面的了解，感受改革开放以来人民生活水平的不断提高"。团队成员立足教材内容，与思想政治学科相结合设计了"漫话中国道路"的作业（见图4-9）：从1949年到2019年，70年风雨兼程书写壮丽篇章；从1978到2019年，40余年改革开放创造发展奇迹。引导学生回顾过去、总结现在、展望未来，深刻理解中国特色社会主义。共同参与的思想政治教师点评道"学生创作的'可视化'作品，聚焦老百姓生活的改善，悉心选材描绘了不同发展阶段老百姓体验感受最深的生活场景，反映了改革开放以来，中国社会主要矛盾的变迁，感性地解读了以人民为中心的中国道路，科学社会主义在21世纪的中国焕发出强大生机活力！"语文教师也赞叹"作品没有拘泥于道路本身，选取了代表经济和技术双重发展的支付方式作为视角，跨越了新中国成立以来几代人的记忆和生活，从这个侧面精确道出了国家的发展和民族的复兴。以小见大，带领观者短暂回顾历史，同时畅想不算遥远的未来。"

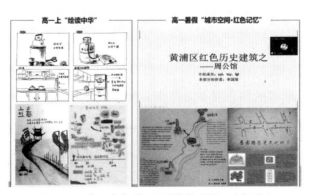

图4-9 高一年级"可视化"作业展示（部分）

新的课程改革强调要重视课程内容与现实生活的联系，作业设计也应为学生提供了解生活和社会的机会。比如，走访调查式历史作业可以让学生通过实地调查、参观访问、观察访谈等学习方法获得与历史有关的立体化社会知识，与历史教科书的知识形成对照，从而加深学生对历史知识的认知。教师可以利用生活中的资源，丰富作业内容，拓展作业形式，使学生在"可视化"作业的完成中实现课内外联系、学科间融合、校内外沟通。

三、着眼于学生全面发展的"可视化"作业设计

面对大数据时代复杂情境及问题的处理，现有的分科式教学正在面临挑战，多学科联合、融合式课程、跨学科教学等正在进入我们的教育视野。"可视化"作业设计以学生的能力素养为主要的目标对象，可以呈现个人复杂的思维过程，某种程度上能较为直观地反映个人的综合分析、思考与概括等能力。这一特性也说明"可视化"作业能成为融合多学科知识领域的作业形式。另一方面，文、政、史、地自古以来就是亲缘相近的学科，而文理思维的交融对学生思维品质的培养能起到相得益彰、和谐促进的作用。

（一）跨学科作业设计的原则

"可视化"历史作业设计时，可以选择需要综合两种以上学科知识或思维模式来解决的历史问题，进而提高学生的综合分析、运用能力，但需要注意以下几个原则：

一是历史主体原则。基于历史学科的跨学科作业设计，需注重体现历史学科的主体地位。虽说历史学科包罗万象，但作为一门独立学科，仍有其自身的学科规律，比如历史学科核心素养的五个方面就是基于历史学科特征的素养凝练，有别于其他学科的核心素养。而且，结合多学科设计历史作业的主要目的是训练学生的历史思维及发展学生多维度观察事物、综合分析问题及评判决策的能力，最终还是归结于历史学科本身，提高历史学科教学效果。

二是合理科学原则。从作业难易度上讲，要充分考虑学生的实际情况，在作业难度、题量及比例分布方面都尽可能合理适切；从作业内容选择上讲，要

寻找恰当的切入点和结合点，避免穿凿附会。每个学科都有自身的知识体系与理论逻辑，因而可与其他学科加强交流，进行作业的联合开发。设计的作业合理科学，避免无谓的交叉重复，才能提高学习效率。

三是实践应用原则。"可视化"历史作业能较好地反映学生在问题解决中的思维过程与方法运用，体现了过程性、实践性。因此作业设计与现实问题结合，不仅能增强学科学习的实用性，也能提升学生综合运用所学解决问题的实践能力。但也要避免牵强附会，联系现实并非越多越好。要既能贴近学生的生活实际，又有一定的典型性，方能让跨学科作业取得更好的学习效果。

四是多元评价原则。对"可视化"历史作业的评价要关注具有思考性、创新性的内容，注重学生在作业完成过程中表现出的思考力、完成度、创造性等综合素养，因此采用多维度评价的方式，能较为全面评价学生的能力素养水平，更有利于学生的全面发展和个性发展。

例如，在教改中，高中语文推荐的《红楼梦》整体阅读，与《中外历史纲要（上）》第15课《明至清中叶的经济与文化》互有关联。在此背景下，团队成员以"《红楼梦》里的真清史"为主题，以思维导图、历史小论文写作等形式，让学生从历史视角找寻有关明清时期社会生活方面的史料并加以解读阐释，包括如何看待一些曹学的争议，最后以微论坛形式进行展示交流。这份作业对两门学科的学习内容及学科能力要求作了较好的兼顾、融合，促进了学生多学科综合能力的发展。

（二）跨学科作业设计的优势

"可视化"历史作业一旦融入了跨学科设计理念，更能显示其独有的优势，对于学生的探究意识、实践能力及综合运用能力等都有促进作用。

在"可视化"历史作业中渗透综合学习的理念，可加强与语文、思想政治、地理等各学科的联系，为创设情境作业提供更为丰富的空间。人们在处理现实生活问题时，往往不是简单地与某一学科挂钩，体现的恰恰是个人学习各学科后综合运用知识、技能和思维方法解决问题的能力。可以从本学科出发，立足学校，联系家庭、社区资源，研发不同主题的"可视化"历史作业，比如历史辩论赛、舞台剧、历史主题日活动等，这不仅是在作业完成过程中考查学生的能力变化，而且将作业演化成了一个新的学习平台，让学生加深了历史认知，丰富了情感体验，激发了创造力，同时拉近了历史与现实、与社会的距离。

在"可视化"历史作业中渗透综合学习的方法，有利于合理统筹学生的各科学习活动和学习时间，一定程度上缓解学科多、学时有限的难题。例如，结合高中生的实践课程，在"上海的昨天、今天和明天"的大主题下，历史、思想政治、地理等学科，依据学生的分组选择，各自指导学生小组进行专题学习活动。不仅在时间安排、组织管理、资源配备方面有了较好的保障，而且避免了学生因学习要求加码而带来的负担。整个学习活动，不仅增强了学生对历史学习的兴趣，促使学生变换思维角度观察历史现象，而且使学生在学习活动过程中提高了认识问题和解决问题的能力。

不同学科共同参与的"可视化"作业设计较符合面向未来能力的教学，但进行学习评价时，应避免仅仅围绕学科知识掌握、客观结论取得等要素进行评定，而应结合各学科的学生学习能力水平进行评价设计。（见表4-10）

表4-10　跨学科"可视化"作业学习能力评价表格 [①]

水平1	再认或再现所学知识，并从本质层面认识事物的发生、发展与结果。
水平2	能用恰当的方式作出客观、准确的表达，或者合理的说明。
水平3	在不同的学习情境中，能运用所学知识解决问题。
水平4	学习要求有拓展和深化时，能将各学科知识、技能、方法重新整合，解决问题。

（三）跨学科作业设计的发展

"可视化"历史作业的设计对团队成员来说是一大考验，需要创设新情境去引导学生解决历史问题，帮助学生深化知识框架的建构和解释判断能力。而历史语境与新语境的结合不能是繁复的，相反应该是符合学生学情和认知能力的逐步推进，让学生在完成作业的过程中逐渐培养证据意识和集证辨据的评判能力，并在不断交流展示的过程中让学生形成对现代世界多元化的理解、包容和

---

① 本评价标准内容参考上海市教育委员会教学研究室《教学与评价的风向标——上海中小学各学科核心素养研究》中的"中学历史学科的关键能力具体表现表"而制定。

鉴赏能力，理解不同观点产生与发展的历史背景，认识这些观点对人类社会不同群体产生的历史影响，以及对当代社会带来的积极意义。

大数据时代使传统历史教学模式正在发生转变，同样也带动了作业形式的转化。但是，不论形式如何变化，历史学科的本质不应因此改变。如今对历史感兴趣的学生很多，但如何才能让学生真正喜爱历史，读懂历史，却是一个问题。历史学作为一门特殊的人文学科，必须在知识、思想和美感三方面达到一种平衡。借助"可视化"作业，学生改变了以往局限于文本阅读的作业形式，开始尝试实践深入到历史细节中认识历史、理解历史；借助"可视化"作业，学生在史料搜集、整理过程中，开始关注史料的叙述者及史料的流转等信息，得以感悟历史细节的魅力。作业成果展示交流中，学生学习到同伴是如何获取学习信息的，如何运用史料呈现及论证观点的，甚至在不同观点的辩驳过程中激发了问题意识，思考对立观点的矛盾点在何处，是否符合历史逻辑推论，如何理解双方不同的解释等。可以说，整个作业完成过程中，学生的思维层次实现了逐级递升，个人的史学思想和能力拾阶而上。

四、"可视化"历史作业的实践意义

"可视化"历史作业设计丰富了作业的形式与内容，提高了学生学习历史的兴趣。"可视化"历史作业也有利于历史的记忆和理解，推进历史的思考深度，提高学生思维的拓展性、创造性与开放性，从而形成由现象到本质的思维逻辑，提升了历史思维能力。

"可视化"历史作业有三大特点：一是充分体现了历史学习的思想、方法过程；二是充分体现了学习观念的开放性、创造性；三是充分体现了学习资源、学习评价的多元化。比如制图、作表、阅读、做笔记、剧本表演、参观、访谈等作业设计，引导学生不刻意地去死记硬背历史教科书上的结论，不刻意地去追求作业完成的结果，而是重在反映学生历史学习的过程，将学习方法与学习过程的引导、评价等作为主要目标。

高中历史统编教材需要学生能从宏观整体的角度来认识历史发展脉络及趋

势,将历史事物置于更为广阔的时代背景中考察。"可视化"历史作业一定程度上能增强学生历史学习的系统性。作业问题的情境性、综合性,能促进学生从多维度、联系性等方面去研究、分析及解决问题,以此形成自己的历史认识。

另一方面,"可视化"历史作业设计对学科专业能力也提出了新的发展要求,不仅是历史本体性知识、教学理论与实践能力的要求,还包括对跨学科领域的知识和理论的学习力、理解力,甚至是设计者的思维开放性、创造性等。毕竟教师是学生学习兴趣与潜力的主要激发者,教师的教学素养与学生的学习素养有着密切的关系。

在高中历史教学实践中,可以有意识地尝试改变传统的作业形式,构建一种以新课程理念为指导的适合高中生能力素养发展的作业形式。"可视化"历史作业是一种有益的尝试,相信在团队成员及更多同仁的共同努力下,还会有更多有利于学生终身学习和发展的实践创新成果出现。

第五章

历史学科判断力培养的展望

第一节　学科判断力研究的精进思考

整个研究团队开展了近七年的高中生历史学科能力培养的实践研究,从主题式阅读教学到学科大概念引领的主题式跨单元教学,从一所学校的教学探索到十所不同类型学校的共同参与,从选修课的初次尝试到不同课型的系统研究,团队成员始终坚持、不曾放弃,历程虽辛苦,但团队成员甘之如饴,收获颇丰。

一、学科判断力研究为学生发展服务

人们对"立德树人""核心素养"的理念认同,这是新时代对学科教育本质的再认识。"唯分数论"还未完全退场,现实生活中屡见不鲜的"高分低能"的尴尬场面,不时地警醒着我们必须认真反思学科教学。

(一)着眼学生终身发展

学生对历史类游戏、影视剧、小说等的热度要大大超过历史课。若一位热衷阅读历史书籍的学生,所了解的历史知识可能会大大超越历史教科书的内容,那么,历史课到底要教给学生什么?难道只是知识与应考技巧吗?历史学科核心素养的提出回答了这个问题,它为我们明确了学习历史的目的,即在一定学科背景下个人应达成的正确价值观、必备品格和关键能力,也是在现实和未来生活中,个人在解决问题时显现的学习、研究和思考的综合素养及能力。

人们学习历史不只是为了回头看,更是为了做好当下、展望未来。面对日益变幻的世界局势和社会发展,当代学生有着比以往更为复杂的困难挑战,他们需要的不仅仅是书本上的知识,更需要持久学习的方法和意志,解决问题及与人合作的能力。基于这样的认识,整个团队直面学科课改的难点,探索创建了主题式阅读教学、主题式跨单元教学设计等教学实践模式,在破解课改难题的过程中探索学科发展与学生发展之间的关系;团队回归历史教育的本质,以学科大概念为统领、以问题链为线索连接历史与现实,在层层解锁问题的过程中探寻历史学习与现实需求的关系。在研究中,团队成员充分意识到在历史教学中聚焦学生学科判断力的培养,正是以学科核心素养的落实为宗旨,着眼于学生面对未来、终身发展培养目标的教学探索。

(二)关切现实生活需求

团队遵循课程标准要求,立足高中历史统编教材,以基于历史、联结现实的问题为纽带,从课内到课外、从选修课到所有课型逐步展开了较为全面、系统的研究。学生在与历史的"对话"中,学习如何观察当下、预见未来;在历史学科判断力的养成中,涵养核心素养,掌握直面问题、解决问题的能力和正确的世界观、人生观、价值观。

例如,在历史学社的活动中,学生在观看纪录片《我在故宫修文物》后,感慨道:"屏幕上那一个个熟悉的人名但并不熟悉的脸庞,秉持'不着急,慢慢来'的宗旨一点一点还原文物,……很羡慕他们的职业,……可以体验一把'历史穿越感',通过文物沟通古今,融入自己的情感";感叹道:"电影用很平易近人的镜头将一幅在故宫修文物的画卷缓缓展开,引领着我们,让我们感受到了文物修复不仅仅是技术、专业,也是一门艺术。……他们质朴、实在……为中华文明做修复工作,……才能使千年的中华文明灿烂重新展现在世人面前……让我有所深思,知道古物上承载了生命,要对文化抱有敬畏之心,并会试着用认真的态度对待身边的每一个细节。"感悟到"修复文物,是穿越古今、与百年之前的人进行对话的一种特殊职业和特殊生命体验。我被影片中中国文化里那些精彩的东西、有美感的东西和这些可爱敬业的修复师傅们打动,……与他们有了精神的共鸣"。学生深切感受到过往历史原来与自己如此亲近,对"故宫新匠"传承中华优秀传统文化的价值有了更为深刻的理解,并能从一定的视角对文化传承的现实意义提出自己的观点和价值判断。

不仅如此,学生还将所学的历史知识用于解决现实生活中的问题。比如,延安中学李果娃同学的课题研究成果《愚园路历史风貌保护区保护情况调研与建议》,获第35届上海市青少年科技创新大赛一等奖。该同学成长于颇具上海历史文化代表性的愚园路，作为历史风貌保护区的愚园路是近代上海兼具中西建筑文化的历史见证。由于时间久远且维护不当，多数历史建筑出现设施老化失修、违章搭建及不合理使用等情况。于是，她通过文献研究、实地考察、调查问卷等方式对愚园路现状进行分析，并借鉴巴黎的城市建筑保护与城市改造、城市经济发展相辅相成的经验，提出如何从完善法律法规、严格管理规范、利用先进技术以及加大宣传力度等方式来维护和建设愚园路历史风貌保护区，研究中提到在维护中增强人文意识、修旧如旧中焕发生机与活力的建议值得借鉴与参考。整个研究过程及成果体现出她思考问题的深入性、全面性，对问题分析和建议的独到性、创新性。辨析问题、决策建议的过程显示了该学生的判断力发展水平。

（三）注重关键能力养成

历史学科核心素养是学生解决历史问题及相关现实问题的综合能力体现，历史学科判断力是其中一项关键能力。个人能力一旦形成就会自然融入到解决各类问题的过程之中，所以，不同于知识点的记背，学生历史判断力的形成和学科核心素养的达成不是一蹴而就的，学科思维与能力是在行为、习惯意识不断反复、提升中形成的，教师需要在每一课时、每个学习活动中潜移默化地有意识培养，需要一个持续培养的过程方能实现从量变到质变。经过几年的实践，为评估"判断力"养成的教学实施效果，团队在2018年和2019年分别对同一届学生开展跟踪调研。调研结果表明，学生在与判断力高度相关的"时空观念""史料实证""历史解释"等素养水平方面都呈现显著上升趋势，尤其"历史解释"这一核心素养的进步率接近20%。"历史解释"与判断力有着较高关联度，学生需要运用记忆、演绎、预知、推理、判断等能力对问题进行梳理、阐释，综合体现学生的事实判断与价值判断能力。

依据历史人文学科的特点，团队以阅读与写作为最初的研究突破点，此后成为贯穿整个研究过程的重要手段，并在实践中总结了培养学生阅读与写作素养的操作模式。如在学生阅读能力培养方面，遵循"关键词→关键句→段落→章节→全书""基于文本的阅读→围绕文本的阅读→超越文本的阅读"的培养顺序；在写作能力培养方面，遵循"读书笔记→读后感→小论文→综合论文"的培养流程。"读书破万卷,下笔如有神"在一定程度上道出了两者的关系。如果说阅读是信息的输入,那么写作就是信息内化后的输出。在读与写的转换之间,学生提升了历史认识、激发了历史思维,这是学生判断力和学科核心素养的养成过程。不仅如此,阅读与写作还是个人适应现代社会的必备能力。面对信息海量、更新速度快的大数据时代,个人的阅读、写作能力愈发显得重要。

二、学科判断力研究的后续思考

缘于学科课改问题而开展的研究,在问题解决过程中不断衍生出新的研究问题,于是整个团队在一个个问题的发现与解决中推进研究不断深化,成果逐渐扩大。本书呈现的仅是现阶段的研究成果,团队对后续研究已有了新的思考。

(一)关注初高中学科育人一体化

高一新生学科基础水平参差不齐,这是高中起始年级教学的老问题,也是教学研究中必须要解决的问题。以核心素养为指引的课改背景下,高中学段颁布的历史课程标准,明确了五大学科核心素养的具体要求。同一时期,初中学段也颁布实施了历史统编教材,但还未颁布新的课程标准。即便如此,无论是初中还是高中的教学目标,共同指向的都应是学生历史核心素养。毕竟学科素养与关键能力的形成是持续的过程,初中历史教学是绕不开学科素养与关键能力培养的。

现阶段团队成员对此问题的探索尚处于起步阶段,主要以教学理论与教学设计研究为主,并参与了与其他历史学科团队的联合教学研讨活动。立足于初高中衔接的历史判断力和学科核心素养的一体化培养,是学科育人的必然要求,也是学生能力与素养持续发展的现实需求。对此问题的关注与研究,将是团队下一阶段研究工作中的新挑战。

(二)关注教师专业的持续发展

面对新一轮课改,一线教师感到前所未有的挑战与压力。历史学科核心素养的育人目标是教师教育理念的再次更新,历史统编教材的实施使教师本体性知识的更新也成为迫切需求。诸如单元教学设计、基于问题的教学、以评价促进学习等，每一项内容对教师而言都是新事物，都是实实在在的挑战。

整个研究过程中，团队成员愈加感觉到个人专业持续发展的必要性与迫切性。学科核心素养和关键能力不仅是对学生发展的要求，也是教师专业发展目标的组成部分。课程改革中的教师同样需要必备的品格和解决问题的关键能力，这样才能以正确的价值观引导学生，才能有足够的学习能力、创新能力等在课程改革中做到识变、应变。教师的专业素养水平决定了其教育教学的水准，直接关系到学生能力素养的达成度。因此，教师专业发展是学科教学改革的关键力量和基础保障。

比如，在研究初期，关于历史学科判断力、历史学科核心素养与历史判断力的关系等，我们团队成员是在文献研究、持续讨论及一次次重新建构中形成了认识，达成了共识。"学习→体验→反思→认识"成为团队成员在研究中实现专业成长的路径，这也成为后期实践研究过程中，同时推进研究进程与教师专业成长的有效方法。

面对教学对象、教学环境与教学要求的不断变化，教师专业发展的目标与内涵也在相应发生着变化，诸如教师的学术素养、学习素养、教学素养、评价素养等都在新一轮课改实施过程中显现出了其重要性。又如，如何有效提升教师专业发展的持续性、自觉性，从而推进课程改革的有效实施等，还有许多问题有待发掘与解决，因而关注教师的专业成长也会是团队持续研究中的重要课题。

（三）关注学科大概念的挖掘和深化

在主题式跨单元教学的探索中，聚焦学科大概念，寻找并确定可以引领跨单元教学的主题是非常重要的一步。在教学实施过程中，历史学科大概念可以挖掘多少，能否通过大概念来贯穿历史教材中最重要的史实；由此产生的跨单元教学的主题又有多少，教师能否通过主题式跨单元穷尽历史教材中的知识点；梳理概念与概念的内在联系、逻辑、层次结构和系统关联，通过大概念来支撑历史学科的课程目标，体现史学思想和方法，这无疑是对教师文本阅读、分析、挖掘及统摄能力的综合考验。在实际授课中，教师如何建立从课程目标到历史学科大概念再到学科知识点的结构化，如何实现从史实贯通到主题创建再到大概念的知识抽象化，对此教师的认识与探究路径并非十分清晰。诸如"文化""变化""交流""发展""全球互动""形式"等宏观抽象型概念，它们不仅属于历史学科的大概念，也属于跨学科的大概念，这些概念是可以穿越时空，在人类历史上的任何一个时间点存在。若从历史学科视角来锁定这些抽象概念，教师就可以将之具象化，如"中国传统文化""第二次世界大战后的全球互动"等。当然，这些大概念的挖掘、梳理、具象是非常耗时的，也是非常见功力的事情，需要教师在实践探索中细水长流、匍匐前进。

国际课程中一些关于大概念的特征描述可为我们的一些理论研究作指引。如对宏观概念的特征表述为："广泛的，抽象的，永恒的；往往是违反直觉的，容易引起误解的；提供理解世界的概念的透镜，可以迁移的；有争议的结论或观点；反论；理论；基本假设；反复出现的问题；理解或原则。"[①]

（四）关注情境问题链的设计与生成

主题式跨单元教学中的问题链设计非常重要，这是帮助学生主动思考和探究，并指向对概念的理解及新情境下问题的解决。好的问题链设计需要包含开放性问题，开放性问题能促进学生高阶思维的运动，尤其是带有挑战性、创造性的问题需要学生有价值判断，这是判断力培养的高层次境界。比如，"人们的过去会怎样影响他们现在或未来的选择？""如果没有罗斯福新政，世界会发生什么变化？"这些开放性问题会牵动学生的综合知识储备，涉及政治、经济、文化、军事、社会，甚至心理学等领域。若将这些开放性问题再提炼成历史学科的本质问题，或许可以问"历史是否有可能避开写作者的社会和个人视角？""我们如何知道在过去发生了什么事情？判断历史发展方向的重要因素有哪些？"因此，将历史史事转换为事实性问题，并将事实性问题提炼为概念性问题，这是教师进行教学设计的重要能力，实际表明这种内化的专业素养能力还亟待提升。其中，最需要教师转变的是教学思维模式，认识到高阶思维培养

---

① 夏雪梅.项目化学习设计：学习素养视角下的国际与本土实践［M］.北京：教育科学出版社，2018：42.

并非一定是从低阶思维逐级而上的，高质量的问题链能激发学生的学习潜能和高阶思维的发展；从而包裹低阶思维实现整体提升。真实的学习情境，融合性的课程主题，没有标准答案的学习任务，通过课程发展独立自信、批判性精神及主动的创造性等，这样的课程运作更依赖教师的专业能力。

（五）关注课程开发的平衡及评价

基于课堂教学的视角，目前团队探究的成果主要聚焦于必修课和选修课。其实，判断力培养是可以融合在历史学科任何一种课程类型中的。当下教育改革过程中，"一方面，课程的标准化、结构化、自上而下的趋势不断增强……课程系统的运作更依赖问责机制和评估系统"，"另一方面，课程的创新性、不确定性、综合性、自下而上的生成性在不断增强"。[①] 因此，聚焦学科判断力培养的过程，教师需要优化、平衡创新课程与基础课程之间的互补关系，在关注教学的同时也关注课程架构特点和运作，让每种课程的价值发挥到最大程度。虽说不同类型课程的评价方式、操作特点可以不同，但是评价的质性和层次性需要一以贯之的思考和设计。比如，质性评估一定基于真实学习数据的基础上，需要教师"收集有代表性的学生作业样例或表现；收集能够体现学生理解与思维的证据；记录小组与个人的学习过程；鼓励学生反思自己的学习；学生评估自己完成的作业；确定可作为案例的学生作业；保存测验与作业的成绩记录"，等等。[②]

第二节　学科判断力研究的实践续航

中共中央、国务院 2019 年印发的《关于深化教育教学改革全面提高义务

① 张悦颖，夏雪梅.跨学科的项目化学习："4＋1"课程实践手册［M］.北京：教育科学出版社，2018：4.
② 张悦颖，夏雪梅.跨学科的项目化学习："4＋1"课程实践手册［M］.北京：教育科学出版社，2018：15.

教育质量的意见》的文件中，项目化学习被作为教学方式呈现，"强化课堂主阵地作用，切实提高课堂教学质量""探索基于学科的课程综合化教学，开展研究型、项目化、合作式学习"。2020 年，上海市教委发布的《上海市义务教育项目化学习三年行动计划（2020—2022 年）》中，将"创造性问题解决"作为推进目标，并从这个角度对项目化学习进行了界定："以校长为核心的教育教学团队，在学校活动领域、学科领域和跨学科领域，设计真实、富有挑战性的问题，引导和指导学生在一段时间内进行持续探究，尝试创造性地解决问题，形成相关项目成果……培养学生创造性思维、批判性思维、团队沟通与合作等重要的终身学习能力，促进教与学方式变革和教师专业成长，激发学校办学活力。"①

义务教育阶段的教育改革行动如火如荼，其中，最有力度的是"4+1 > 5 课程结构"，这是比跨学科教学更加有改革力度的尝试。上海康桥外国语学校是项目化学习的先驱学校，学校把一周 5 天课程分为两种课程模式，4 天采用分科模式来实施基础课程，1 天用于跨学科的项目化学习引导学生探究。这 1 天的跨学科项目化学习有 2 位老师包班教学，全天没有上下课铃声，依据学生的学习需要来决定教学时间。这一天中教师面临的挑战很大，需要基于大概念和项目主题，把不同学科知识进行高度统整，根据项目进展设计驱动性问题，不断引导学生在解决问题的过程中保持探究热情。在项目化学习过程中，教师和学生都会出现知识的盲点，这需要教师自己先成为终身学习者，并和学生一起成为问题解决者。②

义务教育阶段教师教改行动的最大受益者无疑是学生，当他们升入高中时，他们的探究思维和行动研究需要获得持续培养及提升，这就需要高中教师同样能创设有利于学生继续探究与解决问题的学习环境，而这种必需的教学意识和行为在课程标准中也早已体现。

---

① 张悦颖，夏雪梅.跨学科的项目化学习："4 + 1"课程实践手册［M］.北京：教育科学出版社，2018：4.
② 张悦颖，夏雪梅.跨学科的项目化学习："4 + 1"课程实践手册［M］.北京：教育科学出版社，2018：31—33.

2017 年版高中历史课程标准多次强调："建议通过对课程内容的整合，引导学生深度学习，促进学生带着问题意识和证据意识在新情境下对历史进行探索，拓展其历史认识的广度和深度，""对历史教学内容的整合，还可以根据学生的学习情况，运用主题教学、问题教学、深度教学、结构—联系教学等教学模式，对教科书的顺序、结构进行适当的调整，将教学内容进行有跨度、有深度地重新整合，""高中历史教学多是采用专题教学的方式，而专题教学可以采用多种基于网络的学习方式，如深度学习、项目学习、微课学习、翻转课堂，以及课下自主学习等，""可运用网络环境下的深度学习方式，引导学生充分运用网络技术及资源，进行自主探究学习，使学习活动从表层走向深层"。[①] 由此，开展符合学生学情和学校办学特色的不同类型教学模式和学习模式，这是每位教师应肩负的时代使命和责任。我们该如何做？从高中生判断力培养视域下去思考这个问题，至少可从两个方面进行深入探究。

首先，拓宽学习方式的样态，在选修课中尝试高中版的项目化学习。一些发达国家的课程体系中，项目化学习已是一种常规的教学模式，而且在不同国家有着不同的表现形式。比如，2016 年开始，芬兰开创跨学科的"主题式现象教学"。"现象教学"是以事先确定的实际生活中某个话题、某种现象为主题，让学生对该主题展开讨论和分析，教师将同一主题的所有相关学科知识重新编排，再经过系统的整合形成跨学科的多元课程模块，并以此为载体实现跨学科教学。芬兰新课改根据学科属性和特点来建立学科模块，比如，语文、地理和科学采用混合式教学模式，以一个主题为切入点，进行主题式的融合教学。历史、美术、音乐等学科作为单科教学，引导学生进行应用学习，提供融合课程必备的学科知识。芬兰的"现象教学"只是在某一特定的学习阶段集中开展的跨学科主题式教学，也可以全学段实施。"现象教学"关注学生的批判性思维，让学生会运用已有的知识技能迁移到新情境下解决问题。"现象教学"让学习不再受限于学科的视角，帮助学生打通学科知识之间的联

[①] 中华人民共和国教育部：中华人民共和国教育部.普通高中历史课程标准（2017 年版）[W].北京：人民教育出版社，2018：17，18，48，54，55.

系，通过与他人合作交流与探究，作出判断并得出结论以解决问题。[①]在上海高中的选修课中实施类似"主题式现象教学"的项目化学习是存在可能的。以我们团队实施的主题式跨单元教学案例"中华优秀传统文化"为例，在选修课中可围绕大概念"传统文化"开展项目式学习的探索，设计案例见表5-1：

表5-1　项目化学习案例：传统文化的传承与传播

项目名称：传统文化	项目时长：每周一次，每次两课时，共8周
学科：历史	年级：高一、高二
相关学科：语文、艺术	教师：某某

项目简述：本项目基于统编教材的相关文化内容，向学生进一步阐释"传统文化"的大概念，学生在团队探索中选择特定的传统文化事项，研究传统文化的产生、发展或衰落、消失，思考从中我们可以吸取什么经验教训，为什么这些教训对我们今天很重要？如何传承传统文化并创新？学生通过拟建虚拟博物馆或民俗馆的展览、公开主题演讲、制作小册子等形式，邀请其他学生、老师甚至家长参与互动，向参观者、听众传达他们的学习成果，总结他们的结论。

教材和相关资料：《中外历史纲要》（上、下册），与文化相关的学习资料

学习目标：

1. 课程标准：

理解自人类产生便有了文化。不同地域上生存的人类相互有了接触，便有了文化的交流与传播。人们通过欣赏、学习、吸纳不同的文化，使自己的文化更加丰富和成熟。传统文化的发展或衰弱、消失有其内在文化发展规律和机理。传承文化、维护文化多样性和创造性具有重要意义。现代信息技术对人类传统文化共享起到了前所未有的作用，对人类文化的发展提出了新课题。

2. 关键知识（词汇）：

根据大概念涉及的重要内容以及学生以前的知识和需求，确定需要教授的关键词汇和术语。比如：传统／文化／文明／繁荣／传承／衰落／消失／稳定性／时序性／共时性／科技成就／优秀／创新

3. 核心素养水平：

唯物史观：文化是特定时期的国家政治经济状况的综合反映。

时空观念：用特定的时间和空间术语对传统文化的长时段产生、发展或者衰落、消失加以概括和说明，能从共时性和时序性维度对其进行分析、综合、比较，在此基础上作出合理的论述。

史料实证：能够利用不同类型史料对传统文化的相关问题进行互证，能在辨别史料作者意图的基础上利用史料对所探究的问题进行论述。

历史解释：能从传统文化评析的观点里分辨不同的历史解释，尝试从来源、性质和目的等视角阐释导致这些不同解释的原因并加以评析，在此基础上提出新的解释或者观点。

家国情怀：理解并认同社会主义核心价值观和中华优秀传统文化，具有对祖国和人民的深情大爱，能够理解和尊重世界各国优秀文化传统。

[①] 杨丽乐，安琪．未来学习新视域：多元融合——芬兰基础教育核心课程改革及启示［J］．教育科学论坛，2021（7）：34.

（续表）

驱动性问题	1. 本质问题：传统文化对于当代社会的价值与意义。 2. 驱动性问题：传统文化如何影响当下的人和社会？
成果与评价	个人成果：关于某一种传统文化事项的研究笔记（包括其兴衰）；关于从历史中吸取的经验教训或者如何创新传统文化的争论性写作，其观点可以应用于当代社会。
	团队成果：虚拟建立一个博物馆或民俗馆展览，以导游身份进行主题宣讲。
	公开方式：策展、演讲。
高阶认知	主要的高阶认知策略： 问题解决（√）决策（√）创见（√）系统分析（ ）实验（ ）调研（√）

实践与评价	涉及的学习实践： 探究性实践（√）：探索传统文化的概念界定和内涵 社会性实践（√）：向观众介绍探究成果 调控性实践（√）：在过程中制订计划，调节自己情绪 审美性实践（√）：让策展更具视觉的艺术性 技术性实践（√）：运用现代技术进行布展设计	评价的学习实践： 探究性实践（√） 社会性实践（√） 调控性实践（√） 审美性实践（√） 技术性实践（√）
	项目过程： 　1. 入项前考虑： 　（1）学生视角：教师如何帮助学生在学力和情感上与他们所了解的传统文化所在地点和时间联系起来？学生将特定的历史时刻确定为传统文化研究切入点（繁荣或衰落），这个判断会带来哪些不同的观点？ 　（2）资源视角：哪些地方可以作为博物馆、民俗馆展览的公共场所？是否有历史学家或博物馆、民俗馆专家/馆长能来辅导学生，成为特邀演讲者或导师？学生在制作展品时可能需要哪些资源？ 　（3）教学视角：教师可以提供哪些文本和其他资源来支持学生了解他们选择的传统文化？在整个项目中，教师如何提供脚手架发展学生的研究、分析和历史透视技能？教师如何提升学生过程性学习的品质？教师将使用什么教学技能来支持帮助学生进行他们的论证性写作？ 　2. 入项活动： 　（1）带学生实地或者虚拟考察博物馆、民俗馆，了解一种或者多种传统文化的样态。 　（2）借助考察机会，向学生介绍他们将在团队中研究的各种或者一种传统文化。	

（续表）

实践与评价	（3）邀请学校或者社区合作伙伴为学生指导创建博物馆展览。 （4）讨论最终项目呈现的成果形式及期望,捕捉学生关于主题和项目的兴趣及了解程度。 （5）促使学生思考他们所知道的和需要知道的: 1）对于项目的主题,会想到哪些问题? 2）你已经知道哪些行动会帮助团队完成这个项目? 3）从博物馆考察中学到了什么,这会帮助你参与这个项目吗? 4）为了成功完成这个项目,你还需要知道或学习如何完成哪些工作? 5）你需要什么新的知识或技能才能创建一个关于传统文化兴衰的博物馆展览? 6）你对项目还有哪些其他问题? 7）你认为要成功完成此项目,还需要哪些支持或资源? 在探究中,教师引导学生思考并协助得出问题,可提供以下问题: 1）我们如何了解有哪些因素会影响传统文化的兴衰? 2）我们如何设计一个引人入胜的博物馆展览? 3）我们如何以游客感兴趣的方式讲述一个传统文化兴衰的故事? 4）我们如何突出吸取的历史教训,以便它们对我们的社会产生积极影响? 3. 入项过程: 第一周解决问题:是什么导致了一个传统文化的产生、发展甚至繁荣? 第二周解决问题:为什么我们选择研究的这个传统文化会衰落或消失? 第三周解决问题:我们如何创建一个博物馆展览,展示所研究的传统文化的精髓,或解释为什么它结束了? 第四周解决问题:在今天,我们如何把从传统文化研究中汲取的经验或者教训运用到当下的文化发展中去? 第五周解决问题:传统文化需要创新吗? 我们如何创新传统文化? 第六周解决问题:我们如何有效地总结和提出关于优秀传统文化的结论? 第七八周课程:成果展示。
所需资源	文献档案,实物史料,布展资源。

其次,拓宽教师教育视野,提升课程整体架构意识。大部分教师把自身定位于必修课、选择性必修课的任教,对于选修课或者实践类课程的主动参与意识不够强烈。一方面源于必修课、选择性必修课教学本身带来的压力,包括高考压力等;另一方面也与教师自身主动开创新课程的内驱力不足有关。只有一线教师主动投入到上位的课程设计过程中,从整体课程体系的宏观视角去诠释

不同类型课程应当达到的教学目标时，课程的整体育人功效才会完善，教师绝不能仅仅成为围绕教材打转的教书匠，更应该成为直面课程改革的问题解决与创造新意义的探索者，当教师的思维"活"起来了，那么课程的生命力也会越发呈现勃勃生机。因此，历史教师要有相当的危机意识和责任意识，应该从时代变革对人的终身发展需求出发，从实际教学改革出发，积极主动地获取先进的教学理念，真正把"为了每一个学生的终身发展"核心理念落到实处，转变教学思维方式和实践模式，摒弃以功利驱动发展的各种教学行为，真正做到以人为本，育人为本。

世界上唯一不变的就是变化本身，唯一确定的就是不确定性的存在。世界在不断变化，我们要跟上世界变化的节奏，最好的办法就是与时俱进。正如《学习的革命》一书中说："如果今天你不生活在未来，那么明天你将生活在昨天。"世界各国都进行着教育改革的探索，无论采用何种理论和做法，共性在于回归教育的本质，即培养全面发展的人，培养能适应世界变化并能解决未来不可知问题的下一代。当下无论是人工智能背景下的改革还是"双新"背景下的改革，作为教师要始终坚守从"人"的视角去培育"人"，做最有利于学生学习、有利于批判性思维和解决问题能力提升的教学尝试。教师要培养学生创造性解决问题的意识和行动，自己要身体力行，任何突破现有舒适区的行动都是有价值的，无论行动成功与否，至少在自己的职业生涯里，我们真正肩负起了教育的重任和时代的使命。

图书在版编目（CIP）数据

看得见的思维：核心素养视域下的历史学科判断力培养 / 李峻等著. — 上海：上海教育出版社，2023.2（2023.4重印）
ISBN 978-7-5720-1886-2

Ⅰ.①看… Ⅱ.①李… Ⅲ.①中学历史课－教学研究－高中
Ⅳ.①G633.512

中国国家版本馆CIP数据核字(2023)第037596号

总 策 划　刘　芳
责任编辑　公雯雯
封面设计　陆　弦

看得见的思维：核心素养视域下的历史学科判断力培养
李　峻　张曦琛　等著

出版发行　上海教育出版社有限公司
官　　网　www.seph.com.cn
地　　址　上海市闵行区号景路159弄C座
邮　　编　201101
印　　刷　启东市人民印刷有限公司
开　　本　700×1000　1/16　印张13　插页1
字　　数　198千字
版　　次　2023年3月第1版
印　　次　2023年4月第2次印刷
书　　号　ISBN 978-7-5720-1886-2/G·1695
定　　价　56.00 元

如发现质量问题，读者可向本社调换　电话：021-64373213